I0778394

Georg Schweinfurth

Im Herzen von Afrika

Salzwasser

Georg Schweinfurth

Im Herzen von Afrika

1. Auflage | ISBN: 978-3-84608-049-8

Erscheinungsort: Paderborn, Deutschland

Erscheinungsjahr: 2015

Salzwasser Verlag GmbH, Paderborn.

Georg Schweinfurth.

Vor einem halben Jahrhundert hat Georg Schweinfurth sich seinen Ehrenplatz unter den Männern erobert, die das Antlitz des dunkeln Erdteils entschleiert und in rastloser Arbeit die vielen weißen Flecken der Karte Afrikas ausgefüllt haben. Geboren am 29. Dezember 1836 in Riga, erwarb er sich seine ebenso gründliche wie umfassende naturwissenschaftliche Bildung auf den deutschen Hochschulen Heidelberg, München und Berlin. Schon als Zwanzigjähriger bereiste er Ägypten, den östlichen Sudan und die Küstenländer des Roten Meers (1863-66). Bald darauf folgte seine größte und erfolgreichste Expedition in die Äquatorialgegenden (1868-71). Ihr Verlauf und ihre Ergebnisse sollen in den folgenden Blättern geschildert werden. Gründer der Geografischen Gesellschaft in Kairo (1876), hat er dann viele Jahre in Ägypten gelebt und auf einer langen Reihe kleinerer Reisen in den Wüsten Afrikas und Arabiens, die sich bis in die neunziger Jahre ziehen, seinen Ruf als hervorragender Forscher befestigt: Seit 1889 lebt der Nestor der deutschen Afrikaforschung in Berlin.

Ägypten, das seit der Regierung Mehemed Alis (1841-48) tatsächlich, wenn auch nicht dem Namen nach, ein unabhängiger Staat war, hatte seine Herrschaft allmählich durch den Sudan nilaufwärts bis nahe an die großen Seen vorgeschoben, die sich später als die Quellbecken des geheimnisvollen Stroms erwiesen, und auch nach Westen begannen ägyptische Truppen und Beamte im Stromgebiet des Gazellenflusses, des Bahr-el-Ghasal, vorzudringen. Die Herren der späteren Provinz Bahr-el-Ghasal waren damals die Elfenbein- und Sklavenhändler von Chartum und Kordofan, fanatische Mohammedaner, die unter den verachteten heidnischen Negerstämmen der Dinka, Schilluk und andern viele Dutzende von Seriben, befestigte Niederlassungen, gründeten und von diesen aus neben Elfenbeinhandel auch schwunghaften Vieh- und Menschenraub trieben. Von dem Vernichtungskampf, den die ägyptische Regierung gegen diese Banden führte, hatte Schweinfurth nur die ersten Anfänge gesehen.

Krieg und Handel hatten natürlich auch unsere Kenntnis der oberen Nilgegend erweitert, aber den Ländern westlich vom Hauptstrom des Nil, südlich von 10 Grad nördlicher Breite, waren sie wenig zugute gekommen. Vorübergehend ist der verhältnismäßig unbedeutende Bahr-el-Ghasal sogar für die wichtigste Quellader des Nil gehalten worden, und über die Wasserscheide des Nilbeckens gab es nur unsichere Vermutungen. Die eigentliche Bedeutung der Reisen Schweinfurths liegt darin, dass sie vom etwa 10. bis 3. nördlichen Breitengrad durch Gebiete gingen, die der Fuß europäischer Forscher noch kaum betreten hatte. Nur an wenigen Punkten hat sein Weg die Wege seiner Vorgänger, des Deutschen Heuglin, des Engländers Petherick, des Franzosen Poncet und der Italiener Miani und Piaggia, berührt. Er war der erste, der das westliche Quellgebiet des Nil von Norden nach Süden sowie die Länder der Wasserscheide nördlich des Äquators durchzog und jenseits den Oberlauf jenes mächtigen Stroms erreichte, der ein Dutzend Längengrade in westlicher Richtung durchströmt und sich unter dem Äquator in den Kongo und mit diesem in den Atlantischen Ozean ergießt. Er hat diesen Wasserlauf, den er unter dem Namen Uelle kennt, der aber weiter unterhalb auch die Namen Makua und Ubangi führt, damals dem System des Schari zugewiesen, der in das abflusslose Becken Zentralafrikas, den Tschadsee, mündet, und es hat weiterer Entdeckungsfahrten bedurft, bis die Zugehörigkeit des Uelle zum Kongosystem allgemein anerkannt wurde. Aber der Entdecker des Uelle ist und bleibt Schweinfurth.

Größte Verdienste hat er sich um die Völkerkunde erworben durch seine genauen Nachrichten über die fast unbekannten Negerstämme der Niamniam, der Mangbattu und der Akka, der schon im frühesten Altertum erwähnten, aber noch fast niemals von Europäern gesehenen Zwergstämme von Äquatorialafrika. Seine Rückreise vom Uelle nordwärts verlief im allgemeinen in derselben Richtung wie die Hinreise, aber zu beiden Seiten hat er viele Abstecher gemacht, deren einer ihn weit nach Westen ins damalige Dorado der Sklavenhändler führte.

Schweinfurth war in erster Linie Botaniker. Im Anschluss an eine Notiz über seine erste Reise von 1863 bemerkt er: »Der einzige Zweck, den ich unablässig verfolgte, die botanische Erforschung dieser Länder, gestaltete sich immer mehr zur Aufgabe meines Lebens.« Und dann: »Wer die harmlose Habgier des Pflanzenjägers kennt, wird begreifen, wie diese Studien, in der Zeit zwischen der ersten und der zweiten Reise, in mir nur das Verlangen nach neuer Beute wachrufen mussten; harrte doch noch der bei weitem größte Teil des Nilgebiets, die geheimnisvolle Flora seiner südlichsten Zuflüsse, der botanischen Erforschung.«

Aber wie überraschend hat sich dieser begeisterte Liebhaber der Scientia amabilis zum Entdeckungsreisenden ausgewachsen, zum vollberechtigten Vertreter der Länder- und Völkerkunde! Fast jede Seite seines

Hauptwerkes »Im Herzen von Afrika«, dem die folgenden Kapitel entnommen sind und das in sechs Sprachen übersetzt wurde, verrät seine scharfe Beobachtung und anschauliche Schilderung aller möglichen Dinge, auch außerhalb des Kreises seines eigentlichen Spezialfaches. Aufs lebhafteste interessieren ihn die Sitten und Gebräuche, die Laster und guten Eigenschaften der buntscheckigen Völkermenge, die er auf dem Marsch oder bei längerem Aufenthalt kennen lernt, die Lebensgewohnheiten der verschiedenen Stämme, ihr Körperbau, ihre Bodenerzeugnisse, ihre Viehzucht, ihr Handel, ihre Wohnung, ihre Sprachen, die Anfänge des Handwerks und der Kunstfertigkeit, weiter die reiche Tierwelt vom Elefanten bis zum Insekt, die viel verschlungenen Flussnetze die Höhen-, Witterungs- und Temperaturverhältnisse, der Wechsel der meisterhaft in scharf umrissenen Zügen gezeichneten Landschaftsbilder. Dazwischen schiebt sich, ohne eine Spur von Eitelkeit vorgetragen, die Erzählung der persönlichen Erlebnisse, überwiegend realistisch, aber mit gemütlichem Humor und auch bei den widerwärtigsten Ereignissen getragen von einem unerschütterlichen Gleichmut. Dieser verließ Schweinfurth selbst dann nicht, als nahe dem Ende seiner überraschend vom Glück begünstigten Reise ein großer Teil seiner unersetzlichen Aufzeichnungen und Sammlungen vom Feuer vernichtet wurde.

Bezeichnend für sein Gefühl edler Menschlichkeit ist seine Stellung zu dem besonders früher üblichen verächtlichen Begriff »Wilden« für farbige Naturvölker. Schweinfurth hält es für unberechtigt, die schwarzhäutige Menschheit Afrikas »Wilde« zu nennen, denn sie ist im Besitz unserer sozialen Grundlagen wie Eigentum, Ehe, Arbeitsteilung, wenn diese sich auch oft nur in elementarer Gestalt zeigen. Er stimmt der von anderer Seite ausgesprochenen Anschauung bei, dass es in Afrika kaum andere »Wilde« gibt als solche, die aus Europa dorthin gelangt sind.

Die Frage liegt nahe, ob heute eine Schilderung überhaupt noch Wert und Anziehungskraft haben kann, wenn sie sich auf über fünfzig Jahre alte Beobachtungen stützt. Schweinfurth äußert sich in dem vom 1. Januar 1918 datierten Vorwort zur Jubiläumsausgabe seines Werkes »Im Herzen von Afrika« über diesen Punkt:

»Man glaube ja nicht, das die veränderten politischen Zustände in den damals neu entdeckten Ländern jetzt einen großen Teil meiner Beobachtungen jedes Interesses für die Gegenwart entkleidet hätten. Für das Bestehenbleiben vieler von mir beschriebener Zustände sprechen die Wahrnehmungen neuerer und neuester Reisender. Nach 29 Jahren fanden die Begleiter des verwegenen Marchand am Ssueh und am Gazellenfluss noch dieselben Bongo, Djur und Dinka vor, wie sie mir entgegengetreten waren; allerdings hatten sich inzwischen die europäischen Baumwollenzeuge in den Grenzländern der islamischen Welt weiter verbreitet, und die früher nackt einhergehenden Völker im Bereich des Tieflands der oberen Nilgewässer begannen sich zu umhüllen. Aber die Völker des tieferen Innern, die Niamniam und Mangbattu, bedienen sich zur Kleidung heute noch derselben selbst gewonnenen Felle und Rindenstoffe, die zu meiner Zeit üblich waren, trotz englischer, französischer oder belgischer Herrschaft, der sie jetzt unterstehen. Es fehlt bei uns nicht an Leuten, die sich der Vorstellung hingeben, alle Völker der Welt müssten jetzt der neuerungssüchtigen Schnelllebigkeit unserer Zeit zum Opfer fallen; aber noch gibt es der Erdenwinkel genug, an denen die Weltgeschichte Ruhepunkte gefunden hat. An solchen sitzen noch manche Völker Afrikas, und selbst diejenigen, die in äußerlichen Dingen starkem Wandel unterlagen, haben die Eigenart ihres inneren Wesens zu wahren gewusst.«

Doch nun wollen wir den Forscher über seine an Abenteuern aller Art wahrlich nicht arme Reise hören.

1. Die ersten Abenteuer mit Büffel und Bienen

Am 18. August 1868 verließ ich Suez. Die Berliner Akademie der Wissenschaften hatte mir auf fünf Jahre die verfügbaren Mittel der Humboldt-Stiftung bewilligt und mir die Möglichkeit einer reichen Ausrüstung verschafft. Ein ägyptischer Dampfer brachte mich nach Dschidda, eine gemietete Barke nach Suakin an der Westküste des Roten Meers. Am 10. September begann der Kamelritt über das Küstengebirge. Er führte in 27 Tagen nach Berber am Nil.

Von da ging es in einer Barke nilaufwärts nach dem eigentlichen Ausgangspunkt der Reise, nach Chartum an der Vereinigung des Weißen und Blauen Nil, dem Sitz der Zentralverwaltung des ägyptischen Sudan. Am 1. November traf ich dort ein. Die Stadt sollte später durch den Untergang Gordon Paschas und als Mittelpunkt des siegreichen Mahdistenaufstands eine traurige Weltberühmtheit erlangen. Von dreizehnjähriger Barbarenherrschaft wurde sie erst 1898 durch den englisch – ägyptischen Feldzug Lord Kitcheners befreit. Gestützt auf Erfahrungen und Erkundigungen, die ich bei meinem früheren Aufenthalt in Chartum gesammelt hatte, hatte ich den Plan zur wissenschaftlichen Bereisung der westlichen Quellgebiete des Nil entworfen.

Bald hatte ich erkannt, dass die ägyptische Regierung in den heidnischen Negerländern keinerlei Einfluss und Macht auszuüben vermochte, obgleich Chartumer Kaufleute dort die ausgedehntesten Besitzungen gegründet hatten, und dass ohne engen Anschluss an diese Kaufleute die Zwecke eines wissenschaftlichen Reisenden nicht gefördert werden konnten. Mein Entschluss stand daher fest, mich von den Chartumer Kaufleuten ganz ins Schlepptau nehmen zu lassen. Dass übrigens die Elfenbeinhändler aus freien Stücken sich nie dazu entschließen würden, meinem Ansinnen zu entsprechen, darüber durfte ich mich keiner Täuschungen hingeben. Ich kannte aber ihre abhängige Lage als Untertanen des Vizekönigs von Ägypten. Waren sie auch in den Negerländern unumschränkte Machthaber, so blieben sie doch auf Gnade und Ungnade den Maßnahmen einer absoluten Regierung ergeben, weil sie mit ihrem Kapital an die Hauptstadt des ägyptischen Sudan gebunden waren, und so bot sich mir ein Hebel, ihren Widerstand zu brechen.

Auf Grund dieser Erwägungen konnte ich, aufs nachdrücklichste unterstützt von dem allmächtigen Generalgouverneur Djafer-Pascha, einen sehr günstigen Vertrag mit dem Elfenbeinhändler Ghattas, einem koptischen Christen, abschließen. Unter den Chartumer Großkaufleuten war Ghattas der einzige Nichtmohammedaner; die andern wollte man nicht der Möglichkeit preisgeben, vom »Franken« – damit meinte man mich – als Räuber und Sklavenjäger verlästert zu werden. Darum war die Wahl Djafers auf den unglücklichen Ghattas gefallen. Als der Reichste von allen musste dieser mit seinem Vermögen haften für alles Unheil, das mir im Innern widerfahren konnte. Dieselben Verpflichtungen zum Schutz legte der Generalgouverneur auch jedem der andern Chartumer Großhändler auf, die Besitzungen im Gebiet des Bahr-el-Ghasal hatten. Noch nie hatte die ägyptische Regierung mittelbar so viel für einen wissenschaftlichen Reisenden getan wie für mich.

Den Neujahrstag 1869 verbrachte ich noch in Chartum, erst am 5. Januar segelte ich auf einer mit 23 Bootsleuten und Söldnern bemannten Barke des Ghattas nilaufwärts nach Süden. Meine eigene Begleitung bestand aus sechs Nubiern, die alle bereits bei Europäern gedient hatten und mir nie Anlass zu ernstlichen Klagen gegeben haben, zwei Sklavinnen, die das Mehl für die ganze Schiffsmannschaft zu mahlen hatten, und aus einer Respektsperson, in Gestalt meines großen europäischen Schäferhundes Arslan, der überall, wohin er kam, ängstliches Erstaunen wachrief.

Die vom Wind begünstigte Bergfahrt der Segelbarke führte meist durch einförmige Landschaft. Die flachen Ufer sind bewohnt und bebaut, zahlreiche Nilpferde und ungeheure Vogelschwärme beleben den majestätischen Strom, in dem weiter aufwärts Hunderte von Inseln liegen, die von Schilluknegern bewohnt werden.

Der 14. Januar brachte den ersten Unglückstag, den ich selbst heraufbeschworen hatte. In der Frühe war zu uns eine andere Barke gestoßen, die Leute wollten zusammen sich vergnügen und haltmachen. Wir waren aber an einer für mich sehr langweiligen Stelle, und so zwang ich sie weiterzufahren, um an einer unbewohnten kleinen Insel ans Land steigen zu können. Der Ausflug, den ich in Begleitung von zweien meiner Leute antrat, sollte verhängnisvoll werden, wenigstens für einen der beiden. Mohammed Amin, so hieß dieser, wurde an meiner Seite von einem wilden Büffel überrannt, dem ich nicht das geringste Leid zuzufügen beabsichtigte, dem aber der Unglückliche im hohen Gras gar zu nahe gekommen war. Der Büffel hielt jedenfalls sein Mittagsschläfchen und geriet durch die Störung in die äußerste Wut. Aufspringen und den Störenfried in die Lüfte wirbeln, war für ihn das Werk eines Augenblicks. Da lag er nun da, mein treuer Begleiter, über und über blutend, vor ihm mit hocherhobenem Schweif der Büffel, grunzend, in drohender Haltung, bereit, sein Opfer zu zerstampfen. Zum Glück war seine Aufmerksamkeit durch die beiden andern Männer gefesselt, die wir sprachlos vor Entsetzen dastanden. Ich hatte kein Gewehr in der Hand, mein schöner Hinterlader hing vorläufig noch am linken Horn des Büffels, Mohammed hatte ihn getragen. Mein anderer Begleiter, Soliman, der die Kugelbüchse trug, hatte gleich angelegt, aber der Hahn knackte vergebens. Mal auf mal versagte das Gewehr. Die Zeit erlaubte mir nicht, Soliman zuzurufen: »Die Sicherung ist noch vor«; es galt den Augenblick. Da griff er nach einem kleinen Handbeil, das ganz aus einem Stück Eisen bestand, und schleuderte es unverzagt dem Büffel an den Kopf auf eine Entfernung von kaum zwanzig Schritt; so wurde die Beute dem Feinde entrissen. Mit einem wilden Satz warf sich der Büffel seitwärts ins Röhricht, unter gewaltigem Rauschen der Halme dahinsausend mit der Wucht eines entgleisenden Dampfrosses, brüllend und den Boden erschütternd. Nach rechts und nach links sah man ihn unter Grunzen und Brüllen die gewaltigsten Sätze machen.

Eine aufregende Begegnung

Da wir in seinem Gefolge eine ganze Herde vermuten mussten, griffen wir zunächst nach den Gewehren, um einem nahen Baume zuzueilen. Doch es wurde alles still, und unsere nächste Sorge wandte sich jetzt dem Unglücklichen zu. Mohammeds Kopf lag wie angenagelt am Boden, da seine Ohren von scharfen Schilfhalmen durchbohrt waren, aber eine flüchtige Untersuchung überzeugte uns sofort davon, dass die Verletzung nicht tödlich sein konnte. Das Büffelhorn hatte gerade den Mund getroffen und außer vier Zähnen im Oberkiefer und einigen Knochensplittern hatte er keine weiteren Verluste zu beklagen. Ich ließ Soliman an der Stelle, um Mohammed zu waschen, und eilte allein zur entfernten Barke, um ihn abholen zu lassen. In drei Wochen war er wieder hergestellt und als Entschädigung für jeden der vier Zähne erhielt er ein Backschisch von zehn Mariatheresientalern. Diese Freigebigkeit belebte wunderbar die Unternehmungslust meiner Begleiter, sie war aber auch vonnöten, um die Leute für die Zukunft stets bei gutem Humor zu erhalten. Der Retter Soliman fiel bald darauf bei einer der üblichen Schießereien der Nubier seiner eigenen Unbesonnenheit zum Opfer.

Bei dem ehemaligen Hauptquartier des berühmten Räuberhauptmanns Mohammed Cher stießen wir auf die ersten Spuren des ruchlosen Sklavenhandels. Mengen menschlicher Gebeine von den durch Seuchen hinweggerafften Sklaven fanden sich überall über die Steppe verstreut, infolge des Steppenbrandes in halb verkohltem Zustand.

Die Zahl der geschlachteten und verschmausten Rinder muss, nach den vorhandenen Knochenmassen zu urteilen, ganz gewaltig gewesen sein; sie bestanden meist aus der Beute, die Mohammed den Schilluk abgenommen hatte. Dieser Räuberhauptmann durfte es sogar wagen, den Befehlen des Generalgouverneurs Trotz zu bieten, und er war es hauptsächlich, der die Chartumer lehrte, mit Hilfe befestigter Plätze, förmlicher Zwingburgen, die Eingeborenen in Schrecken zu halten. Infolge seiner Räubereien war das ganze östliche Nilufer in eine ununterbrochene Waldeinöde verwandelt. Die Dinkaneger oder Djangeh, die dort einst zahlreiche Dörfer bewohnten, hatten sich ins Innere zurückgezogen.

Bei einer Krümmung des Nil, unterhalb Faschoda, hatte ich schon wieder ein bösartiges Abenteuer. Da die Windrichtung hier das Segeln unmöglich machte, musste die Barke von der Mannschaft gezogen werden. Als nun das Seil durch die Grasmasse des Ufers streifte, kam uns ein wilder Bienenschwarm in den Weg, der sich gleich einer großen Wolke über die Ziehenden entlud. Jeder stürzte sich kopfüber in den Fluss und suchte die Barke wieder zu gewinnen. Aber der Bienenschwarm folgte auf den Fluss nach und erfüllte in wenigen Augenblicken alle Räume des mit Menschen vollgepfropften Fahrzeugs.

Ich arbeitete gerade an meinen Pflanzen in der Kabine, als ich ein Rennen und Springen vernahm, das ich anfangs für Ausgelassenheit der Leute hielt. Da stürzt einer ganz verwirrt mit dem Ruf herein: »Bienen, Bienen!« Plötzlich fühle ich mich im Gesicht und an den Händen von den empfindlichsten Stichen getroffen und höre mich bereits von Tausenden von Bienen umsummt; vergeblich suche ich das Gesicht mit meinem Handtuch zu schützen. Wütend schlage ich um mich, aber um so größer wird die Hartnäckigkeit der Insekten. Ich fühle einen wahnsinnigen Schmerz im Auge, und Stich auf Stich fällt mir in das Haar. Die Hunde unter meinem Bett springen wie toll auf und werfen eine Menge Sachen um, ich selbst stürze mich voller Verzweiflung in den Fluss, ich tauche unter: alles vergebens, immer wieder regnet es Stiche auf meinen Kopf. Im Ufersumpf schleppe ich mich durch das Schilfgras, das mir die Hände zerschneidet, und suche das Festland zu gewinnen, um im Wald Schutz zu finden. Da packen mich vier kräftige Arme und schleppen mich gewaltsam zurück, sodass ich im Schlamm zu ersticken glaube. Ich muss wieder an Bord, an Flucht ist nicht zu denken.

Durch die kühlende Nässe war ich soweit wieder zu mir gekommen, dass ich ein Bettuch aus dem Kasten zu zerren vermochte. Endlich fand ich Schutz, nachdem ich die in das Laken eingeschlossenen Bienen nach und nach zerquetscht hatte. Krampfhaft zusammengekauert, musste ich drei volle Stunden verharren, während das Summen um mich herum ununterbrochen anhielt und einzelne Stiche noch durch das Laken hindurchdrangen. Lautlose Stille herrschte an Bord, da alle Insassen meinem Beispiel gefolgt waren. Einige Beherzte hatten sich zuletzt ans Ufer geschlichen und setzten das dürre Schilfgras in Brand. Schließlich gelang es, mit Hilfe des Rauchs die Bienen von der Barke zu verscheuchen, diese flott zu machen und dem jenseitigen Ufer zuzutreiben.

Nun erst konnte man sich den Schaden besehen. Mit Hilfe eines Spiegels und einer Federzange zog ich mir alle Stacheln aus Gesicht und Händen. Diese Stiche blieben auch ohne schädliche Folgen. Unmöglich war es aber, in meiner Kopfhaut die Stacheln ausfindig zu machen; viele waren abgebrochen und erzeugten ebenso viele kleine Geschwüre, die zwei Tage lang empfindlich schmerzten. Ein Unfall wie der unsrige ist auf den Gewässern des Weißen Nil selten erlebt worden. Das Merkwürdigste war, dass alle sechzehn in unserm Kielwasser steuernden Barken an diesem Tage an der gleichen Stelle sich der gleichen Plage ausgesetzt sahen. Am Abend wünschte ich mir lieber zehn Büffel und noch zwei Löwen dazu, als je wieder mit Bienen zu tun zu haben, und die ganze Schiffsgesellschaft stimmte mir lebhaft zu. Ich nahm Chinin und erwachte am Morgen neu gestärkt und munter, während mehrere der arg zugerichteten Leute ein heftiges Fieber hatten. Unter den Mannschaften der uns folgenden Barke hatte es infolge der Verletzungen nachträglich sogar zwei Todesfälle gegeben.

2. Ein weiblicher Häuptling

Am 24. Januar 1869 wurde Faschoda erreicht, damals der südlichste Grenzwaffenplatz des ägyptischen Reiches. Heute heißt der Ort Kodok, um die französische Empfindlichkeit zu schonen; in Faschoda hatte nämlich 1898 Frankreich eine schwere Kränkung durch die Engländer erfahren.

Auf der am 1. Februar angetretenen Weiterreise lernte ich den Kaufmann Mohammed Abd-es-Ssammat kennen, jenen hochherzigen Nubier, der so großen Einfluss auf mein Unternehmen auszuüben bestimmt war und der mehr dafür geleistet hat, als alle Machthaber des Sudan es vermochten. Gleich bei der ersten Begegnung forderte er mich auf, ihn als sein Gast bis zu den entferntesten Völkern zu begleiten, eine Aussicht, die mich auf das freudigste erregte. Mohammed stammte aus dem nördlichsten Teil des nubischen Niltals und war in seiner Art ein kleiner Held, der sich mit dem Schwert in der Hand Ländergebiete erobert hatte, die an Umfang manchen kleinen Staat in Europa übertrafen. Der unternehmende, keine Gefahren, Mühen und Opfer scheuende Kaufmann, der nach den Worten des Horaz »zu den äußersten Indern wandert, um über Meere und Länder der Armut zu entfliehen«, schien gleichsam die geistige Verwandtschaft zu ahnen, die er mit dem Gelehrten teilte, der im Dienst der Wissenschaft ferne Länder durchreist, um die Wunder der Welt zu schauen. »Durchwandert die Welt und erfreut euch der herrlichen Dinge, die ich erschaffen!«, sagt der Koran.

Wir hatten warten müssen, bis andere Barken zu uns stießen, denn vorher schien die Mannschaft nicht genügend stark zu sein zum Schutz gegen Angriffe des noch nicht unterworfenen Teils der Schilluk. Sie war auch nicht zahlreich genug, um allein die schweren Hindernisse zu überwinden, die der »Ssudd«, die Grasbarre, in Aussicht stellte. Diesen Ssudd habe ich gründlich kennen gelernt, als wir in die Sumpfdickichte der westlichen Zuflüsse des Weißen Nil einbogen.

Tagelang befand sich die Barke in einem Gewirr von Kanälen und schwimmenden Grasmassen, Papyrus- und Ambatschdickichten, die die ganze Breite des Hauptstroms bedeckten. Papyrus ist das bis zu fünf Meter hohe, aus dem Altertum bekannte Riedgras, von dem das Papier seinen Namen hat, Ambatsch eine Pflanze von außergewöhnlich leichtem schwammigem Holz, die sechs Meter hoch werden kann. Hin und wieder bricht sich in engen Rissen die Gewalt des Wassers Bahn, aber diese

Kanäle entsprechen nicht immer den Tiefenlinien des Strombettes und sind daher nur selten für Barken passierbar. Ein beständiges Ziehen und Drängen der Massen verändert sie alljährlich in so hohem Grad, dass selbst der erfahrenste Schiffer sich nicht in ihnen zurechtzufinden weiß. Im Winter muss er bei jeder Fahrt sich aufs neue durch ein labyrinthisches Fahrwasser winden. Im Juli dagegen, wenn der Fluss seinen höchsten Wasserstand erreicht hat, sind für die Talfahrt alle jene Kanäle wohl zu benutzen.

Dichte Massen einer auf den freien Stellen der Wasserfläche schwimmenden Vegetation von kleinen Kräutern bilden einen grützeartigen Brei, der die Vereinigung der Grasmassen zu vollständigen Decken sehr erleichtert. Wie ein fest verbindender Kitt verstopft dieser Brei von Kräutern alle Spalten und Löcher zwischen den Gras- und Ambatschinseln, die sich an den Stellen der Hinterwasser anhäufen, wo sie den Winden oder der Strömung minder zugänglich sind.

Am 8. Februar begann der eigentliche Kampf mit dieser Welt von Gras. Den ganzen Tag verbrauchten wir in einem mühsamen Durchzwängen der Barken durch die zeitweilig gebildeten Stromarme. 200 Bootsleute und Soldaten mussten viele Stunden lang im Wasser an Seilen ziehen, um eine Barke nach der andern durchzubringen. Dabei schritten sie selbst auf dem Rande der schwimmenden Grasdecken einher, die streckenweise sogar ganze Rinderherden zu tragen vermochten.

Im Gefängnis des Ssudd

Es war ein eigentümliches Schauspiel, die zarten wie eingewachsen in diesen Dschungeln von bis zu fünf Meter hohem Papyrus zu erblicken, dazu die nackten Bronzegestalten der schwarzbraunen Nubier die sich aus dem freudigen Grün der Umgebung lebhaft abhoben. Das Geschrei und Gejauchze, mit dem sie sich die Arbeit zu erleichtern glaubten, hallte meilenweit durch die Lüfte. Schnaubend streckten Nilpferde die Köpfe aus dem Wasser. Die Schiffer, in Besorgnis, die Tiere möchten mit der Wucht ihrer Leiber die Schiffswände einrennen, was schon vorgekommen war, entfesselten zur Abwehr die volle Kraft ihrer Kehlen.

Schon 1863 hatte sich hier die Grasbarre gebildet, die noch im Sommer 1872 in ihrer vollen Stärke angetroffen wurde, und hier war der Schifffahrt wiederholt ein für Monate unüberwindlicher Damm gezogen, ein Umstand, der die Mannschaften mancher Barken der größten Not preiszugeben drohte, sobald die Vorräte verzehrt waren.

Mühsam arbeiteten wir uns mehrere Tage lang vorwärts. Durch einen vom verstopften Hauptarm sich abzweigenden Seitenarm allein war man imstand, bis zur Einmündung des Gazellenstroms vorzudringen.

Am 11. Februar ging es im offenen Fahrwasser glücklich weiter. Nicht lange, denn der Hauptarm verzweigte sich von neuem zu einem Wirrsal von Kanälen, und, nach erneuten nutzlosen Versuchen vorzudringen, machten am folgenden Tag alle Barken kehrt, um ihr Heil in einem andern, nach Norden zu sich öffnenden Kanalnetz zu versuchen. Am fünften Tag hatten wir mit Mühe und Not ein großes offenes Becken erreicht und nur noch eine Strecke von 60 Metern zu überwinden, um jenen Sammelplatz sämtlicher Gewässer im oberen Nil zu gewinnen, der auf den Karten als No-See sich eingebürgert hat, aber von den Schiffern Magren-el-Bohur, die Mündung der Ströme, genannt wird. Es war das böseste aller Hindernisse, das uns hier die Graswelt entgegenstellte. Die breiten Bäuche der mit Korn belasteten, ungemein massig gezimmerten Barken mussten buchstäblich über das platt gedrückte Gras geschleift werden. Ich blieb als der einzige an Bord zurück. Den vereinigten Anstrengungen aller gelang es, die Überwindung dieser Grasmasse in einem Tag zu erzwingen.

Mit gutem Wind ging es rasch stromaufwärts, solange die nordwestliche Richtung des Fahrwassers anhielt. Allein der immer mehr sich verschmälernde Hauptkanal beschrieb außerordentlich häufige und kurz abgebrochene Bogenlinien, die durch Stoßen und Schieben der Barken vermittels Stangen überwunden werden mussten. Die scheinbaren Ufer bestehen auch hier aus schwimmenden Grasdecken, weiter landeinwärts dagegen verraten weidende Herden der Dinka das Festland.

Der Bahr-el-Ghasal hat sein Widerspiel in Europa: an manchen Stellen vermittelt die Havel zwischen Potsdam und Brandenburg mit ihrer Unmasse schwimmender Gewächse eine sehr gute Vorstellung von ihm; auch die Mehrzahl der Pflanzengattungen, nicht Arten, hat die Havel mit dem afrikanischen Fluss gemein. Häufig beträgt die Breite des offenen Wassers nur die einer Barkenlänge, die große, von den längsten Stangen nicht erreichte Tiefe verrät aber den Wasserreichtum, den rechts und links ein paar hundert Schritt weit die Grasdecke verbirgt. Zur Zeit des Hochwassers dagegen ist alles, was jetzt als Land erscheint, ein unermesslicher See.

Das, was die Schiffer Bahr-el-Ghasal nennen, bezeichnet nur die Wasserstraße bis zum Ende ihrer Schiffbarkeit, nicht einen Strom in wissenschaftlichem Sinn, denn ihn müsste man eher Bahr-el-Arab oder Bahr-el-Djur nennen, da diese beiden Flüsse zu seiner Entstehung Veranlassung geben, beide auch über ein weitverzweigtes Netz stattlicher Nebenflüsse verfügen.

Ich habe im »Ssudd« noch erträgliche Bedingungen gefunden. Welche Schrecken aber hier lauerten, hat etwa ein Jahrzehnt später ein grausiges Ereignis gezeigt. Als 1880 der Gouverneur der Provinz Bahr-el-Ghasal, der Italiener Romolo Gessi, nach Chartum zurückkehrte, blieb seine Flottille in der Sumpfvegetation fast vier volle Monate lang hilflos stecken. Hunderte von Menschen, abgeschnitten von aller Verbindung mit dem festen Lande, versuchten sich von den Wurzelstöcken der Seerosen zu ernähren und mussten elendiglich verhungern. Nur mit einem Bruchteil seiner Leute ist Gessi diesem Schicksal entgangen, aber wenige Monate darauf starb auch er infolge der ausgestandenen Entbehrungen.

Allmählich wurde das Fahrwasser besser, und am 22. Februar landete ich bei der sogenannten Meschra-el-Rek, dem Rek-Hafen, nach einem benachbarten Negerstamm benannt. Die Meschra ist der Halteplatz aller den Bahr-el-Ghasal befahrenden Barken und liegt in einem Gewirr von kleinen Inseln. Diese einzige Ausschiffungsstelle aller vom Bahr-el-Ghasal ausgehenden Expeditionen war damals von 18 Chartumer Barken besucht, die, halb vergraben in Schlamm und Ton, in den Uferdickichten von Papyrus fest eingekeilt lagen. Es fehlte dieser Inselwelt nicht an landschaftlichen Reizen, und mit den Dinkanegern der Umgebung bestand ein friedliches Verhältnis.

Eine der einflussreichsten Personen des benachbarten Dinkastamms der Lao war eine bereits bejahrte Frau namens Schol, die in der Meschra eine Art Häuptlingsrolle spielte. Eine solche Stellung knüpft sich bei dem patriarchalischen Zuschnitt des Lebens der Hirtenvölker stets an den Reichtum. Worte reichen nicht aus, die Hässlichkeit der Schol zu schildern: ein nacktes, von runzlig zäher Negerhaut umhüllten, wackelndes und geknicktes Beingerüst, zahnlos, mit dünnen, schmierigen, fettgetränkten Haarsträhnen, um die Hüften einen Schurz von gleichfalls fettgetränktem Schafleder, dessen Kanten mit weißen Glasperlen und Eisenringen umsäumt waren, an Hand- und Fußgelenken ein Arsenal von Eisen-, Messing- und Kupferringen, stark genug, um Verbrecher damit an die Mauer ihres Gefängnisses zu schmieden, am Hals behangen mit Ketten von Eisen, mit Lederriemen, mit Schnüren von Holzkugeln und Gott weiß welchem Plunder aus alter Rumpelkammer – das war die alte Schol.

Übergabe der Geschenke an die alte Schol

Am 26. Februar erschien sie in meinem Zelt, da sie erfahren hatte, dass die für sie bestimmten königlichen Geschenke bereitlägen. Sie trug ein völlig verändertes Kostüm. Sie hatte aus ihrem unerschöpflichen Vorrat von Ringen, Ketten und Stricken lauter neue Gegenstände hervorgesucht, um sich vor mir zu schmücken. Ich hatte alles zum festlichen Empfang hergerichtet: da sind Glasperlen, wie große Eier, noch nie gesehen in diesen Landen, schwere Steinkugeln, grüne und blaue aus Indiens märchenhaften Gefilden, für wen sind sie? Für die Schol! Da eine Stahlkette, wem wird sie gehören? Der Schol! Dieser königliche Stuhl von Strohgeflecht, wer wird auf ihm thronen? Die Schol! Als Krone des

Ganzen übergab ich ihr ein Riesenmedaillon von Bronze, an goldglänzender Messingkette um den Hals zu tragen. Es machte einen besonders tiefen Eindruck auf ihr dankbares Herz, und sie wurde in diesem Schmuck von allen Schiffern und Soldaten bewundert.

Meiner alten Freundin war ein Jahr darauf ein trauriges Los beschieden. Ein Trupp Männer eines benachbarten feindlichen Stammes war zu ihrer Hütte vorgedrungen. Als sie die Tür öffnete, fiel sie unter den tödlichen Streichen ihrer Feinde, die sofort alle Hütten in Brand steckten und einen großen Teil der vorhandenen Viehbestände mit sich forttrieben.

Auf der Heimreise führte mich nach zweieinhalb Jahren unser Weg an der Stelle vorüber, wo ehemals die gastlichen Hütten gestanden hatten. Von dem Wohnsitz der alten Schol waren nur Kohlen übrig geblieben, und die Scherben zersprungener Schnapsballons zeugten von verschwundener Pracht.

3. Das Land, wo Milch und Honig fließt.

Erst am 12. März langte die zweite Barke des Kaufmanns Ghattas in der Meschra an. Der begleitende Agent stellte mir in kürzester Frist siebzig Träger zur Verfügung, sodass ich noch vor Beginn der Regenzeit nach dem Innern aufbrechen konnte. Am 25. März setzte sich die Karawane in Bewegung. Sie zählte an 500 Köpfe, da sich dem Ghattasschen Zug noch kleinere Gesellschaften mit 200 Bewaffneten angeschlossen hatten. Der Marsch ging ohne größere Schwierigkeiten bald durch bewohntes und bebautes, bald durch menschenleeres, parkartiges und bewaldetes Flachland und führte schon am 31. März zu der großen, mit Palisaden umgebenen Niederlassung oder Seriba Ghattas, von der Meschra etwa 150 Kilometer entfernt. Hier schlug ich für länger als sieben Monate mein Standquartier auf.

Die große Seriba, der sich noch neun kleinere anreihen, liegt auf dem Grenzpunkt der Dinka, Djur und Bongo. Eine Menge Gellaba, wie die wandernden Sklavenhändler hier genannt werden, hatte sich in geräumigen Gehöften eingerichtet. Es sind Leute aus Nubien, zum Teil auch aus Darfur, die hier ihre Sklaven einkaufen, um sie nach und über Darfur und Kordofan weiterzuschleppen. Die fast ausschließlich aus Nubiern gebildete Besatzung und die vielen Angestellten des Ghattas bringen die bewaffnete Macht auf durchschnittlich 250 Mann, und Hunderte von Sklaven vermehren die Einwohnerschaft auf mindestens 1000 Köpfe. Vier Kilometer im Umkreis ist alles mit Äckern bedeckt, eine große Anzahl kleiner Dörfer der Dinka, Djur und Bongo sind in der nächsten Umgebung zerstreut. Das unmittelbare Gebiet der Herrschaft des Ghattas besitzt zwischen den sechs Seriben des nördlichen Bongolandes eine Ausdehnung von ungefähr 700 Quadratkilometern, von denen mindestens 160 Ackerland sind. Die Bevölkerung beträgt gegen 13 000 Seelen.

Der Oberverwalter Idris, daheim der Sklave seines Herrn, war hier unumschränkter Machthaber. Mit aller Zuvorkommenheit empfangen, sah ich mich in den ersten Tagen mit Geschenken an Lebensmitteln und mit Aufmerksamkeiten jeder Art förmlich überhäuft. Zwei mittelgroße, hübsch gebaute Hütten waren innerhalb der Palisaden für mich errichtet; sie reichten jedoch, des vielen Gepäcks wegen, zu meiner Bequemlichkeit lange nicht aus. Meine Diener mussten in andern Hütten untergebracht werden.

Nun begannen meine täglichen Streifzüge in die Umgegend, und die Verarbeitung der gesammelten Gegenstände nahm den größten Teil der Zeit in Anspruch. Bei stets ungeschwächter Gesundheit verlebte ich die ersten Wochen in einem Taumel von Freude, wahrhaft ergriffen von den Schönheiten einer unvergleichlich zauberhaften Natur. Die ersten Regen hatten begonnen und kleideten die aus einem parkartigen Gemisch von Grasflächen, Gebüschen und Bäumen gebildete Landschaft in das zarte Grün unseres Frühlings. Dem Boden entsprossten in Fülle die prächtigsten Zwiebelgewächse, und Bäume von unglaublich verschiedener Form mengten unter das frische Laub ihrer Zweige die Pracht lebhaft gefärbter Blüten.

Meine Aufnahme bei einem Ausflug nach Westen war überall die gastlichste. Die Verwalter der kleinen Seriben behandelte mich mit der größten Aufmerksamkeit; sie sorgten für gute Kost und stellten alles zu meiner Verfügung. In den Seriben hatten meine Leute gute Tage. Ströme von Hammelblut flossen, selbst für meine Hunde wurde eigens geschlachtet. Hier war nach den Begriffen meiner ausgehungerten Diener aus Chartum das Land, wo im wahren Sinne des Wortes Milch und Honig floss. Für mich besonders suchte man zusammen, was Zentralafrika an Delikatessen nur aufzubringen vermochte.

Es fehlte auch nicht an naher Gefahr der schrecklichsten Art. In der Nacht des 22. Mai brach ein gewaltiges Gewitter los. Plötzlich erscholl hart neben meiner Hütte ein Geschrei von Frauenstimmen, und aus einem Strohhaus schlug die Lohe hoch gen Himmel. Sofort rief man mir zu, ich möchte hinausspringen. Denn im Schlaf in einer aus Stroh und Bambus errichteten Hütte vom Feuer überrascht zu werden, ist fast sicherer Tod. Die Leute begannen sofort mit dem Räumen. Bereits war die Hälfte meines Gepäcks in Sicherheit, als wir bemerkten, dass der Wind die Flammen nach der entgegengesetzten Seite trieb. Entsetzlich schien mir der Gedanke, wie leicht ich aller Früchte meiner bisherigen mühevollen Arbeit hätte beraubt werden können. Es sollte anders kommen, aber enteilen konnte ich deshalb meinem Schicksal nicht. Denn Ende 1870 hatte ich das schreckliche Brandunglück, das mich der wichtigsten Früchte meiner Reise berauben sollte. Die verbrannte Hütte war von meinem Bett kaum 25 Schritt entfernt. Sechs Sklavinnen hatten darin, vom Blitz getroffen, den Tod gefunden, einer siebenten war es gelungen, halb verbrannt aus der lichterloh flammenden Strohmasse hervorzukriechen; der Blitz hatte sie verschont.

4. In zweifelhafter Gesellschaft.

Wegen der beständig drohenden Feuersgefahr hatte die Niederlassung einen empfindlichen Nachteil gegenüber denjenigen, deren Hütten minder zusammengedrängt waren. Allein die größere Sicherheit der Gegend, der Reichtum an Lebensmitteln, die Seltenheit der Stechmücken, auch der Mangel an Termiten, den weißen Ameisen, boten Vorteile, die alle andern Seriben in den Schatten stellten. Doch fehlte es nicht an zahlreichen kleinen Plagen. In meiner Hütte überstieg die Raumbeschränkung jede Vorstellung. Ich sah mich zu beständigem Aus- und Einpacken meiner tausend Sachen genötigt. In Säcken hingen meine Kleider und Wäsche von der Decke herab; eine Anzahl kleiner Gegenstände steckte im Dachstroh.

Unter solchen Umständen war der tägliche Kampf mit Ratten, Grillen und Schaben unausstehlich und wurde zu einer beständigen Quelle des Ärgers. Eines eigentümlichen Schutzes bediente ich mich zum Fernhalten der Ratten. Ich ließ wilde Steppenkatzen bringen, die leicht zu zähmen sind, setzte sie angebunden auf die gefährdeten Pakete und konnte mich dann, sicher vor Rattenschaden, schlafen legen. Ratlos schaute ich dagegen dem Überhandnehmen der Grillen zu, die in die dichtesten Koffer eindrangen. Später fand ich im Borax ein wirksames Mittel, sie fernzuhalten. Das Umsichgreifen der Holzwürmer in den Bambusstäben, die meine Hütte zusammensetzten, gestaltete sich zu einem Leiden neuer Art; den ganzen Tag über einen Regen von feinem, gelbem Holzstaub auszuhalten, der sich fingerdick über alle meine Sachen lagerte, drohte das Maß meiner Geduld zu erschöpfen. Ein ähnliches lästiges Insekt in allen Hütten war eine Pillenwespe, ein Tier von fünf Zentimeter Länge, die sich mit Vorliebe in der Spitze der Kegelwölbung des Strohdachs einzunisten pflegte. Ihre Stiche waren viel schlimmer als Bienenstiche. Harmlose Eidechsen gehören in allen Tropenländern zu den gewöhnlichen Hausinsassen; da belebten hübsch gefärbte Skinke meine Behausung, und der zierliche Gecko lief an den Wänden ebenso häufig auf und ab wie in Ägypten und Nubien. Am zahlreichsten waren die gemütlichen Agamen, deren beständiges Kopfnicken die fanatischen Mohammedaner ärgert, denn sie glauben, der Teufel spotte ihrer Gebete, die sie mit steten Verbeugungen begleiten.

Beim Beginn der Regenzeit überraschte mich auch die Menge der Chamäleons. Das sonderbare Augenverdrehen dieser Tiere diente mir zu Späßen, mit denen ich vor allem die Faki, die mohammedanischen Priester und Schreibkundigen, ärgerte, die sich durch Fanatismus auszeichneten. »Wessen Bild,« fragte ich, »ist ein solches Chamäleon, wenn es das eine Auge nach oben, das andere zu Boden gerichtet hat? Das ist ein Faki; mit dem einen Auge schaut er zu Gott im Himmel auf, mit dem andern aber auf die Erde mit ihren Tälern.«

Auch sonst habe ich meine Umgebung, die sich fast ausschließlich zum Islam bekannte, mit Kritik nicht geschont, und eigentlich muss man sich wundern, dass unser Verhältnis nicht ernstlich gestört wurde. Denn trotz der ausgezeichneten Behandlung befand ich mich in recht zweifelhafter Gesellschaft. Alljährlich pflegten die Seribenverwalter Raubzüge ins Gebiet der Dinka zu unternehmen, um sich mit frischen Viehvorräten zu versehen. Da sich die verschiedenen Gesellschaften Konkurrenz machten, war man von Anfang an über eine Art Seribenrecht übereingekommen. Die unmittelbar abhängigen Gebiete waren scharf abgegrenzt, und die Straßen, die zur Meschra führen, durften nur von denjenigen Handelsgesellschaften betreten werden, die darauf ein gewohnheitsmäßiges Recht begründen konnten. Fast jede Seriba hatte ihre eigene Straße, auf der sie brandschatzte, und eine Straße ohne Räuberei war hierzulande keine Straße. Am eifrigsten überwachten die Chartumer Gesellschaften ihre Gerechtsame auf Viehraub. Im Jahr 1868 soll die Beute der Gesellschaft des Ghattas aus 8000 Stück Rindern bestanden haben. Dagegen war das Ergebnis des Jahres 1869 kläglich, da die Dinka ihre Herden noch rechtzeitig in unzugängliche Sümpfe geflüchtet hatten. Um das Bedürfnis eines Jahres zu decken, musste ein solcher Raubzug mindestens 2000 Stück Vieh einbringen. Zwei Drittel der Beute fiel der Verwaltung zu, ein Drittel den Soldaten, von denen die Rinder nach Belieben verschachert wurden. Die Helfershelfer und Hehler dieses verbrecherischen Handels waren die Gellaba, die sich in allen Seriben eingenistet hatten. Abwechselnd handelten sie mit Baumwollenzeug, Mützen, Flinten, Spiegeln, dann wieder mit Sklaven und Sklavinnen, Koransprüchen und Amuletten, Rindern, Ziegen und Schafen.

In Gurfala, einer Seriba des Bongolandes, entdeckte ich eine Getreidebranntweinbrennerei. Die Nubier frönen dort maßlos dem Branntweingenuß. Sobald neue Warenvorräte aus Chartum anlangen, füllen sich die Lager mit ganzen Reihen großer Glasballons, die meist aus Breslau stammen. Die Verwalter trinken den Spiritus rein, sie können ihn nicht stark genug haben; die übrigen gießen zwei Drittel Wasser dazu oder mischen ihn unter die Merissa, das einheimische aus Negerhirse gebraute Bier. Den Trinkern mundeten besonders die scharfen, durstreizenden

Rettiche aus meinem Garten, den ich mir mit viel Lust und Mühe angelegt hatte und in dem Mais, Tabak, Gurken und allerlei europäische Gemüse vorzüglich gediehen. Bei den Gelagen wurde ich mit Bitten nach diesem Reizmittel überhäuft. Mit Vorliebe erkoren die Nubier die ersten Morgenstunden dazu, um sich zu betrinken; sie waren dann für den ganzen Rest des Tages unausstehlich. Im trunkenen Zustand wird der Nubier so streitsüchtig wie der Deutsche, nur entfesselt sich dabei seine schrankenlose Wildheit, und Mord und Totschlag sind nicht selten der Ausgang.

In der Hauptseriba verging selten eine Woche ohne einen Unfall durch unvorsichtiges Schießen. Selbst stets in Gefahr, von den Kugeln der Seribenbewohner durchlöchert zu werden, musste ich bei allem Ärger obendrein immer mit meinem chirurgischen Rat herhalten, wenn es sich darum handelte, die Knochen zu bandagieren oder Kugeln und Schrot aus dem Fleisch zu entfernen.

Oft wurde ich auch in meiner nächtlichen Ruhe beeinträchtigt. Besonders unausstehlich war das ewige Geplärr der lauten Gebetsübungen, das in den Abendstunden erscholl. Es war um aus der Haut zu fahren. Da waren Faki angekommen aus Darfur, die in einem selbst den gelehrtesten Chartumern völlig unverständlichen Kauderwelsch die Verse des Koran herableierten; das schnurrte nur so wie ein Mühlrad. Meine eigenen Leute, die doch gute Mohammedaner waren, nahmen für mich Partei und verwiesen die nächtlichen Ruhestörer aus der Nähe meiner Hütte.

Ab und zu waren nächtliche Orgien an der Tagesordnung; als Vorwand für die Wahl der Tageszeit musste die gar nicht sehr bemerkliche Mückenplage dienen. Wenn die Nubier sich an ihrer abscheulichen Merissa betrunken hatten, tobten sie ihren Übermut an den riesigen Pauken aus, die am Eingang der Seriba hingen. Dicht dabei stand meine Hütte, die Pauken waren mir daher beständig ein Dorn im Auge. Ich wusste mir nur dadurch ab und zu Ruhe zu verschaffen, dass ich Salzsäure auf die Felle spritzte, sodass sie beim nächsten Gebrauch platzten.

Auch die von den eingeborenen Kogur oder Zauberern bei Krankheiten betriebenen Teufelaustreibungen vermehrten die nächtliche Unruhe. In den höchsten und schneidig schärfsten Tönen, vergleichbar etwa dem Gackern geängstigter Hühner, beginnt der Zauberer seine Beschwörung. Der erste Teil dauert mitunter zwei Stunden ohne die geringste Unterbrechung. Die Einleitung, so wurde mir gesagt, sei nötig, um den Teufel überhaupt zur Antwort zu bewegen. Dann folgen die Fragen und Antworten; die Sprache des Teufels wird durch Bauchrednerkunst vorgetäuscht. Der Zauberer fragt nach Namen und Herkunft des Teufels, nach der Dauer seines Innewohnens, nach Art und Stand desselben und seiner Sippe und Verwandtschaft. Hat er nach stundenlangem Mühen endlich alles herausbekommen, was er wünschte, dann beginnt die Verordnung eines Mittels. Der Kogur geht in den Wald und holt eine Wurzel oder ein Kraut, die in vielen Fällen die Genesung herbeiführen. Das erinnerte mich lebhaft an all den Hokuspokus, mit dem sich bei uns Quacksalber und Wunderdoktoren zu umgeben pflegen und der namentlich dazu dient, ganz einfache, längst bekannte Mittel unter irgendeinem abenteuerlichen Namen oder einer wunderbar aufgeputzten Form der Neugierde des Publikums aufzudrängen. Klappern gehört überall zum Handwerk.

5. Ein seltsames Hirtenvolk.

Der lange Aufenthalt in der Seriba Ghattas hat mich in enge Verbindung mit den benachbarten Völkerschaften gebracht und mir Gelegenheit zu einer Menge von Beobachtungen und Erkundungen geboten, die ich auf einigen Ausflügen in westlicher Richtung erweitern konnte. Die Studien über das große Volk der Dinka oder Djangeh, wie sie sich selbst nennen, hatte ich schon in der Meschra mit großem Eifer betrieben und im Anfang des Marsches fortgesetzt. Meine Beziehungen zu diesem seltsamen Hirtenvolk waren auch in den folgenden zwei Jahren nur selten unterbrochen. Aus eigener Anschauung kenne ich indes nur die westlichsten Stämme dieses über nahezu 240000 Quadratkilometer ausgebreiteten Volkes, diesen Teil aber hinreichend genau, um manches Neue berichten zu können.

Die Mehrzahl übersteigt in ihrer Körperhöhe nur wenig ein mittleres Maß. Bei 26 gemessenen Eingeborenen war die Durchschnittshöhe 1,74 Meter. Die Dinka zählen zu den am dunkelsten gefärbten Rassen, aber die Haut lässt deutlich einen braunen Ton erkennen, sobald sie von der Asche gesäubert ist, mit der sie sich so gern einreiben. Wenn sie sich mit Öl gesalbt haben, oder nach einem Bad, schimmert ihre Haut wie braunschwarze Bronze. Die Einförmigkeit der Gesichtsbildung beruht mehr auf einer Täuschung unseres Auges, dem die schwarze Gestaltung ungewohnt erscheint, als auf einer wirklichen Gleichartigkeit der Züge. Einigermaßen einnehmende Gesichtszüge sind selten, unaussprechlich häßliche Fratzen, die verstärkt werden durch ein Grimassenspiel, verleihen der großen Mehrzahl affenartigen Ausdruck. Doch fehlt es auch nicht an Ausnahmen, die eine tadellose Regelmäßigkeit der Züge aufweisen. Das Haar scheren sie sich meist kurz und lassen auf der Höhe des Scheitels nur einen Schopf stehen, den sie durch Einstecken von Straußenfedern zieren. Ein Dinkastutzer, den ausnahmsweise ein reicherer Haarwuchs auszeichnete, hatte das 15 Zentimeter lange Haar zu flammenförmigen Zipfeln aufgerichtet; sie waren fuchsrot gefärbt und verliehen dem Mann ein satanisches Aussehen. Eine solche Färbung ist das Ergebnis fortgesetzter Waschungen mit Kuhharn. Der Bartwuchs ist zu unentwickelt, um irgendwie in Betracht zu kommen. Ihre Schermesser bestehen aus sorgfältig geschliffenen Lanzenspitzen.

Beide Geschlechter brechen sich die untern Schneidezähne aus. Eine Folge davon ist ihre undeutliche Sprache. Auffällig schien es mir, dass gerade dieses Volk häufig schlechte Zähne hat. Männer und Frauen durchlöchern sich die Ohrränder und stecken eiserne Ringelchen und mit Eisen beschlagene Stäbchen durch. Die Frauen durchbohren sich wohl auch die Oberlippe, um einen eisernen Stift und eine zylindrische Glasperle einzufügen. Tätowierung ist nur bei Männern gebräuchlich und besteht immer in etwa zehn strahlenförmigen Schnitten, die über Stirn und Schläfe verlaufen und die Nasenwurzel zum Mittelpunkt haben; hieran erkennt man die Dinka sofort.

Nach ihrer Auffassung gebührt nur dem Weib eine Hülle, eines Mannes ist selbst die bescheidenste unwürdig. Um so sorgfältiger bekleidet erscheinen die Frauen; angetan mit zwei enthaarten Fellschürzen – das Gerben des Leders ist unbekannt –, die vorn und hinten von den Hüften bis an die Knöchel reichen und an den Rändern meist mit Reihen von Glasperlen oder zahllosen kleinen Eisenringen, Schellen und Glöckchen besetzt sind.

Eisen hat noch hohen Wert; Kupfer wird nicht entsprechend geschätzt. Die Frauen der Reichen sind oft mit Eisen überladen, etliche tragen nahezu einen halben Zentner davon an Ringen und Zierraten mit sich. Die Lieblingszierde der Männer sind Elfenbeinringe, die am Oberarm getragen werden, der Unterarm ist bei den Reichen mit einem förmlichen Panzer von Ringen eng umgürtet. Einen minder ritterlichen Schmuck bilden die aus Ledersträngen geflochtenen Stricke um den Hals, die aus Nilpferdhaut geschnittenen Armringe und vollends die Kuh- und Ziegenschwänze, mit denen sich jeder Dinkastutzer umhängt und mit denen er seine Waffen schmückt. Da der Dinka mit seinem meist spärlichen Haarwuchs nicht viel anzufangen weiß, verlegt er sich auf Mützen und Perücken. Sonderbare Kappen von der Gestalt tscherkessischer Kettenhelme werden ausschließlich aus großen weißen Zylinderperlen zusammengestickt. Aus Straußenfedern wird ab und zu eine Art Mütze gemacht, die einen ebenso leichten als sichern Schutz gegen die Sonnenstrahlen gewährt. Als Zeichen der Trauer trägt der Dinka nach weitverbreiteter afrikanischer Sitte einen Strick um den Hals.

Die Hauptwaffe ist die Lanze; der Gebrauch von Bogen und Pfeilen ist ihnen fremd. Mit den Kaffern gemeinsam haben sie die Vorliebe für Keulen, Stöcke und für Schilde von länglich-rundlicher Gestalt, die aus Büffelhaut geschnitten sind. Eigentümlich sind den Dinka die zum Abwehren von Keulen- und Stockhieben dienenden Schutzwaffen. »Kuerr« ist ein Holz von einem Meter Länge, in der Mitte mit einer hohlen Verdickung, um den Handgriff zu schützen; »Dang« ein Bogen, dessen derbe Sehnen die Wucht der Keulenhiebe brechen.

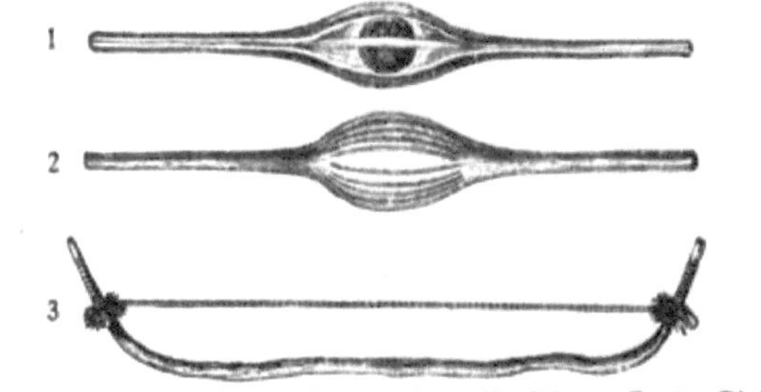

Knerr (1 von innen, 2 von außen) und Dang (3), Schutzwaffen der Dinka.

Kuerr und Dang, Schutzwaffen der Dinka

Ackerbau wird nur nebensächlich, aber in ziemlich geschickter Weise betrieben. Sauberkeit und sorgsame Auswahl der Nahrung findet sich bei den Dinka wie bei kaum einem andern Volk Afrikas. Die Mehl- und Milchspeisen stehen unserer Kochkunst nicht nach. Die Leute greifen nicht mit den Händen in eine und dieselbe Schüssel; die Gäste lagern sich um eine große Schüssel Brei oder Grütze. Wenn sich der erste satt gegessen hat, gibt er die Schüssel dem Folgenden. Zuweilen bot ich Dinkadamen von Rang auf meinem Feldtisch europäisch zubereitete Gerichte an, und sie saßen auf meinen Stühlen. Sie griffen zu Gabeln und Löffeln, als verstände sich das von selbst, und legten alles sorgfältig und noch dazu gewaschen wieder an Ort und Stelle. Alles kriechende Gewürm erfüllt den Dinka mit Ekel. Krokodile, große Eidechsen, Frösche usw. sind nicht küchenfähig, nur die Schildkröte wird als Suppe verkocht. Nicht minder widerwärtig erscheint ihnen der Genuss von Hundefleisch. Ein feines Wild ist jedoch, wie überall in Afrika, die Katze; als das leckerste wird der Hase hoch geschätzt. Leidenschaftliches Tabakrauchen hat sich seit alten Zeiten eingebürgert, und die Dinka bedienen sich derselben riesigen Pfeifenköpfe wie die Schilluk.

Im Innern der Wohnungen sind sie von derselben Reinlichkeit wie die Schilluk, mit denen sie die Vorliebe für Asche teilen, in der sie sich des Nachts der Mücken wegen betten.

Auffällig ist das Fehlen des Ungeziefers; in diesem Teil von Afrika wird man weder von Läusen noch von Flöhen belästigt. Den Fremdling beunruhigt in einer Dinkabehausung nur das Getümmel der Schlangen, die im Stroh des Daches rascheln. Schilluk und Dinka zollen den Schlangen eine Art göttlicher Verehrung; die Dinka nennen sie sogar ihre »Brüder« und sehen deren Tötung als Verbrechen an. Es wurde mir beteuert, dass einzelne Schlangen dem Hausbesitzer bekannt seien und dass er sie mit Namen nenne. Übrigens sind Schlangen im tropischen Afrika überhaupt nicht häufig; soviel ich in Erfahrung bringen konnte, sind die Schlangen im Lande der Dinka nicht giftig.

Zu Weilern und Gehöften von wenigen Hütten vereinigt, sind die Wohnungen über das Ackerland zerstreut. Eigentliche Dörfer gibt es nicht, der Viehstand der einzelnen Distrikte aber ist in einem großen Viehhof vereinigt, den die Chartumer Murach nennen. Große Hütten haben 13 Meter im Durchmesser. Um den Dachstuhl zu stützen, pflanzen die Dinka einen viel verästelten großen Baumstamm in die Mitte der Hütte.

Die nebenstehende Zeichnung veranschaulicht ein Dinkagehöft. Es ist mit Feldern von Sorghum oder Negerhirse umgeben. Von den drei Hütten ist die mittlere, mit einem doppelten Vorbau versehene die Wohnung des Familienvaters. Links steht eine Hütte für die Weiber; die größte und schönste Hütte rechts ist dazu bestimmt, kranke Kühe zur Pflege aufzunehmen, da ihnen in den Murach nicht die nötige Sorgfalt zugewendet werden kann. Unter der Rokuba, dem Sonnendach, vor den Hütten befindet sich der Feuerplatz zum Kochen; er ist hinter einem Windschirm aus Ton gelegen. In dem Dornverhau rechts werden die Ziegen für den täglichen Milchbedarf gehalten.

Dinkagehöft

Ihre Haustiere sind Rinder, Schafe, Ziegen und Hunde. Alles Dichten und Trachten der Dinka dreht sich um den Besitz von Rindern, mit diesen Tieren wird ein förmlicher Kultus getrieben. Man schlachtet nie ein Rind; kranke pflegt man mit Sorgfalt in eigenen Hütten; nur die gefallenen und die verunglückten Tiere werden verspeist. Ein Hauptvergnügen für Dinkakinder ist das Nachbilden von Rindern und Ziegen aus Ton.

In der Morgenstunde werden die Kühe gemolken, doch ist der Milchertrag sehr kärglich. Selten enthalten die Murach unter 2000 Stück Vieh, ich habe solche mit bis zu 3000 kennen gelernt. Auf den einzelnen Dinka kommen mindestens drei Rinder. Es gibt natürlich auch Arme; diese sind die Knechte der Reichen. Einzelne Viehhöfe beherbergen bis an 10000 Stück Vieh, nach meiner eigenen Zählung, die ich an den zum Anbinden dienenden Pflöcken vornahm.

Die Dinka sind ein großes Volk, aber die zahlreichen Stämme bekriegen sich nicht nur oft untereinander, sondern lassen sich auch als Werkzeuge der fremden Eroberer gegeneinander missbrauchen. Alle Versuche, sie in einen Zustand der Leibeigenschaft zu bringen, sind aber bisher fehlgeschlagen. Die ausgeprägte Eigenart des Volkes und das zähe Festhalten an ihren Sitten macht sie auch für den Sklavenhandel wertlos. Die in früheren Zeiten auf den Raubzügen der Nubier erbeuteten Männer werden unter die Soldaten gesteckt; damals bestand die große Mehrzahl der schwarzen Truppen Ägyptens aus Dinkas. Der Höchstkommandierende im Sudan, Adam Pascha, war selbst von Geburt ein Dinka.

Die Dinka sind als grausam im Krieg bekannt; sie kennen keinen Pardon, und um die Körper der Erschlagenen führen sie wilde Tänze auf. Allein es gibt auch Dinka deren Gemüt für Barmherzigkeit empfänglich ist. Nie werden Geschwister und Eltern sich gegenseitig im Stich lassen.

Die Annahme, dass bei diesen Wilden ein Familiengefühl in unserm Sinne nicht vorhanden sei, ist nicht gerechtfertigt. Im Frühjahr 1871 erlebte ich folgendes: Ich weilte damals in der Seriba Kutschuk-Ali am Djur unter dem Volke gleichen Namens. Einer der Dinkaträger, die Vorräte für mich von der Meschra herbeigeschafft hatten, war seiner geschwollenen Füße wegen nicht imstande, in seine Heimat zurückzukehren. Viele Tage saß er allein da. Es herrschte Hungersnot im Lande, und ab und zu erhielt er von mir eine Handvoll Durra und Reste von unsern Mahlzeiten. Er konnte also zur Not leben und befand sich auf sicherem Boden; es hätte daher nur der Geduld bedurft, um nach der Heilung seine

Familie zu erreichen. Aber nicht lange währte es, da stellte sich sein bejahrter Vater ein, um ihn abzuholen. Auf seinen eigenen schwachen Schultern trug der Alte den fast zwei Meter langen Lümmel 16 Wegstunden weit nach Hause. Die Eingeborenen sahen diese für unser Empfinden ungewöhnliche Leistung als etwas ganz Selbstverständliches an.

6. Schwarze Schmiedekünstler.

Auf einem dreiwöchigen Abstecher nach Nordwesten machte ich nähere Bekanntschaft mit den Djur, einem mit den Schilluk nahe verwandten Stamm, dessen Seelenzahl kaum 20000 übersteigen kann. Der Name stammt von den Dinka und bedeutet Waldmenschen, Wilde, im verächtlichen Sinn. Sie sind etwas heller gefärbt als die Dinka. In ihrer Tracht haben sie meist den Schillukbrauch beibehalten. Obgleich die Männer tagtäglich mit den Nubiern und den Bongo zu tun haben, lassen sie sich von ihnen nicht beeinflussen und lehnen hartnäckig eine Bedeckung der Geschlechtsteile ab. Um so sorgfältiger bedecken sie die Gesäßpartie mit einer kleinen Schürze von Fell. Kunstvoller Haarputz scheint nicht üblich zu sein; Männer und Frauen tragen am liebsten das Haupthaar kurz geschoren.

Die Lieblingszierraten bei den Männern sind dieselben wie bei den Dinka. Ein eigentümlicher Schmuck der Männer, der sich nur hier findet, besteht in schweren Ringen aus gegossenem Messing, deren Zierraten aufs sorgfältigste eingemeißelt werden. Die Frauen sind durch nichts von den Dinkaweibern zu unterscheiden. Sehr häufig tragen sie einen großen Eisenring, der durch die Nase gezogen ist. Unglaubliches in Verunstaltung leisten die den Djur benachbarten Belanda, die in der Nase zu Dutzenden Ringelchen tragen, die wie heraushängende Würmer aussehen: ein abscheulicher Anblick!

In neuerer Zeit hat sich vieles von den ursprünglichen Sitten der Djur verloren. So ist der Gebrauch des gegenseitigen Anspuckens, der früher als Begrüßung allgemein üblich war, längst in Vergessenheit geraten. Ich war nur dreimal Zeuge davon. In diesen Fällen drückte das Ausspucken den höchsten Grad inniger Zuneigung aus, eine Art Schwur der Treue und Ergebenheit.

Der Landstrich, den die Djur bewohnen, bildet die unterste Terrasse des eisenhaltigen Felsbodens, daher waren sie auf die Eisenindustrie angewiesen. Jeder Djur ist ein gelernter Schmied. Die gewöhnliche Form, in der das Rohmaterial hergerichtet wird, ist eine Lanzenspitze, in der Regel 60 bis 70 Zentimeter lang. Lanzen und »Meloten«, d. h. Spaten, dienen im gesamten Gebiet des oberen Nil als gangbare Münze. Im März, kurz vor der Aussaat, verlassen die Djur ihre Hütten, um teils zum Fischfang an die Ufer des Flusses gleichen Namens zu ziehen, teils um sich mit Erzschmelzen im Walde zu beschäftigen. Weiber und Kinder folgen ihnen und führen alle bewegliche Habe mit sich. An den Baumstämmen lehnen Lanzen und Harpunen, hängen die derben Bogen zu Fallen beim Büffelfang, die Netze, Reusen und Fischkörbe, das ganze Zubehör der Hauswirtschaft, gedörrte Fische und Krokodile, Wildbret, am Boden überall Kohlen und Haufen von Brauneisenstein, Eisenschlacken, zerbrochene Tondüsen und ähnliches. Der Schmelzofen hat eine schlanke, geschweift konische Gestalt und erreicht nur etwas über einen Meter Höhe. Alle waren wie nach einem Modell gebaut; Blasebälge kommen nicht in Anwendung. Das Metall ist unsern besten Sorten Schmiedeeisen gleichwertig.

Dorf der Djur im Winter

Eine Vorstellung vom Leben in einem Djurdorf zur Winterszeit soll die umstehende Zeichnung veranschaulichen. Die hohen Gerüste bei den Hütten enthalten das zur Aussaat bestimmte Sorghumkorn, die Maiskolben, die Kürbisse, die hier vor den gefräßigen Ratten und Insekten sicher sind. Unter den Gestellen sind die Ziegen angebunden, mit Hunden und Hühnern die einzigen Haustiere.

Die Behausungen, runde Hütten mit Kegeldach, sind im allgemeinen in der Form einfach und schmucklos, aber mit großer Sorgfalt und Sauberkeit und mit guter Raumverteilung gebaut, wie dies bei allen heidnischen Negervölkern der Fall ist. Im Innern befindet sich ein großer Vorratsraum, der zur Aufnahme des Korns bestimmt ist, das für den Hausbedarf dient. Der freie Platz vor der Hütte wird von einem aufs sorgfältigste geglätteten und festgestampften Tonboden eingenommen, auf dem man das Korn reinigt. Von tadelloser Härte ist der Tonboden im Innern der Hütten. Ein großer Holzmörser, in dem das Korn zerstampft wird, um nachträglich mit den Händen auf einem Stein zu feinem Mehl zerrieben zu werden, ist vor der Hütte tief in den Boden eingesenkt. An einem Baumstamm zur Linken hängt die große Signalpauke; man sieht dort auch die starken Bogen, deren Sehne durch einen Knebel mit Gewalt gespannt wird, um auf der Jagd als Falle zu dienen. Rechts trägt ein Mann Eisensteine zusammen.

Den Boden bestellen die Djur mit vielem Eifer. Den größten Wert legen sie auf Besitz von Vieh, obwohl nur magere Ziegen den Bestand bilden. Ein stets gefüllter Hühnerhof und schließlich der Hund sind zur häuslichen Behäbigkeit unentbehrlich. Die Männer jagen und fischen und üben sich in der edeln Schmiedekunst, falls sie nicht von den Nubiern zu Frondiensten als Lastträger oder Hüttenbauer herangezogen werden. Die Felder werden von den Weibern bestellt, denen auch der Hauptteil der Arbeit bei der Einrichtung der Hütten zukommt. Aus freier Hand, ohne Hilfe einer Drehscheibe gestalten sie tonnengroße Gefäße von tadelloser Ebenmäßigkeit. Mit einer glattgeschlagenen Tonfläche werden auch die Gräber neben den Hütten versehen. Ein kreisrunder, flacher, bis eineinhalb Meter hoher Hügel bezeichnet die letzte Ruhestätte für solange Zeit, als die abspülende Kraft der Regengüsse es gestattet.

Eltern- und Kindesliebe zeichnet die Djur in weit vorteilhafterer Weise aus als andere Völker Zentralafrikas. Jede Familie ist reich an Kindern. Säuglinge legt man in längliche Körbe, die als Wiege dienen; nirgends sah ich Ähnliches bei heidnischen Negervölkern. Auch das Alter steht in Ehren, und in den Weilern trifft man überall Leute mit weißem Haar.

7. Ein dem Untergang geweihtes Volk.

Ich versuche die Schilderung eines kleinen, sichtlich dem Untergang geweihten Volkes, das infolge seiner ausgeprägten Eigenart in Erscheinung, Sprache und Sitten als ein Vertreter echt afrikanischer Volksart angesehen werden kann. Halb der Vergangenheit angehörig, ohne Staat und Geschichte, ohne irgendwelche Überlieferung verliert sich sein Dasein spurlos in der Geschichte.

Im Südwesten vom Becken des Gazellenflusses zwischen dem 6. und 8. Grad nördlicher Breite liegen die Wohnsitze dieses Volkes, der Bongo, ein Land, das an Flächenraum Belgien gleichkommt, aber kaum vier Köpfe auf den Quadratkilometer zählt. Als Anfang der fünfziger Jahre die ersten Chartumer das Land betraten, fanden sie es in eine Anzahl unabhängiger Gemeinden geteilt. Den rohen Söldnerbanden wurde es daher leicht, sich zu Herren aufzuwerfen und in wenigen Jahren das ganze Gebiet unter wenige Elfenbeinhändler zu verteilen. Zur bessern Beaufsichtigung und Ausbeutung werden die Einwohner um die Seriben herum angesiedelt. Kaum der Hälfte gelang es, sich durch Massenauswanderung der Sklaverei zu entziehen. Viele Tausende von Knaben und Mädchen werden nach entlegenen Ländern geführt; wie übermütige Paviane im Getreidefeld hausten die Nubier. Die Bevölkerung hat sich um mindestens zwei Drittel verringert; ich habe sie auf höchstens 100 000 Köpfe berechnen können auf etwa 30 000 Quadratkilometern.

Die Hautfarbe der Bongo entspricht der rotbraunen Erde, auf der sie leben. Ein gedrungener Bau der Gliedmaßen bei meist mittlerer Größe, ein scharf ausgeprägtes Muskelgefüge, vor allem aber das Überwiegen der Länge des Oberkörpers, verbunden mit einer breiten Schädelbildung, sind die hauptsächlichsten Rassenmerkmale. Sie haben, wie fast alle Neger, kohlschwarzes Haar. Das krause Wollhaar wird nicht lang. Bartwuchs findet sich nur sehr vereinzelt.

Die Bongo sind ein Volk von Ackerbauern. Mit großem Eifer liegen Männer und Weiber der Bestellung ihrer Felder ob. Die meiste Sorgfalt verwenden sie auf den Anbau den Sorghum. Essbare Pilze bringt das Land während der Regenzeit in großer Mannigfaltigkeit hervor. Exemplare einer riesigen Art können bis zu einem halben Zentner schwer werden. Fruchtbäume werden beim Ausroden der Buschwaldungen geschont. Diesem Umstand verdanken die sonst eintönigen Anbauflächen ihren herrlichen Schmuck. Bei Erschöpfung der Kornvorräte bieten den

Bongo wilde Erdknollen ihre hauptsächliche Nahrung. Meine 30 Bongo, die mich auf dem Rückmarsch nach Norden begleiteten, fristeten volle sechs Tage ausschließlich von solchen Knollen ihr Leben; trotzdem blieben sie kräftig, lustig und guter Dinge. Ein unentbehrliches Reizmittel ist ihnen der Tabak, der überall angebaut wird. Ihre Leidenschaft im Rauchen geht häufig soweit, dass ihnen nur eine sinnlose Betäubung Genuss zu verschaffen scheint. Die gemeinschaftliche Pfeife geht von Hand zu Hand, der Bastknäuel aber, der die scharfen Öle auffangen soll, wird nicht in die Pfeife, sondern einfach in den Mund gesteckt und wandert so von einem zum andern. Sie kauen auch leidenschaftlich Tabak, den sie mit Asche vermischen.

Ihre Haustiere sind Hühner, Hunde und Ziegen; Schafe fehlen ebenso wie Rinder. Besonders nach Beendigung der Regenzeit bieten Jagd und Fischfang eine reiche Quelle von Nahrung. Die Elefantenjagd gehört jedoch seit Ende der fünfziger Jahre ins Reich der Sage. Die Jagd im kleinen ist Lieblingsbeschäftigung der Kinder, die mit größtem Eifer Ratten und Feldmäuse fangen. Fleisch jeder Art erscheint dem Bongo essbar, mit Ausnahme von Hunde- und Menschenfleisch. Die verwesenden Reste von Löwenmahlzeiten sind ihnen eine stets willkommene Beute. So oft ich Rinder schlachten ließ, sah ich die Träger gierig sich um den halb verdauten Mageninhalt streiten; selbst die abscheulichen Würmer, die die Magenwände der Rinder in diesen Gegenden förmlich auszukleiden pflegen, führten sie handvollweise zu Munde. Alles was da kreucht und fleucht, wurde als Gegenstand der Jagd betrachtet, von Ratten und Mäusen bis zur Schlange, vom Aasgeier bis zur Hyäne im immer räudigen Pelz, von fetten Riesenskorpionen bis zu den Raupen und geflügelten Termiten.

Als die Chartumer Besitz ergriffen, bewohnten die Bongo von hohen Pfahlumzäunungen eingefriedigte Dörfer. Gegenwärtig leben selten mehr als fünf bis sechs Familien nebeneinander. Die Häuser sind ausnahmslos in Kegelform errichtet, selten über sechs Meter im Durchmesser und ebenso viel in der Höhe. Das Eingangsloch gestattet nur kriechend den Zugang. Zu jeder Wohnstätte gehört ein Kornspeicher in ganz ähnlicher Kegelform, von Pfählen getragen. Die Spitze des Kegeldachs trägt stets ein Strohpolster, das als Sitz dient, um eine Übersicht über die hohen Kornfelder zu gestatten. Dieser Sitz ist von geschweiften Hölzern umgeben, die wie Hörner die Dachspitze krönen.

Bongodorf mit Butterbaum

Mit besonderer Vorliebe bevorzugen die Bongo zur Ansiedlung solche Plätze, an denen eine mächtige Baumkrone ein natürliches Sonnendach bietet. In deren Schutz werden die Verrichtungen vorgenommen, zu denen der bescheidene Raum der Hütten nicht ausreicht. Der Butterbaum der nebenstehenden Abbildung sieht in der allgemeinen Form unserer Eiche recht ähnlich. Er ist im tropischen Afrika weitverbreitet; seine Fruchtkerne gleichen täuschend der Rosskastanie. Die Fruchthülle liefert ein vorzügliches Obst, aus dem Kern wird ein Öl gewonnen, das schon bei 25 Grad Wärme fest wird.

Auf einem an Eisen überreichen Boden widmen sich die Bongo vor allem der Gewinnung und Bearbeitung dieses Metalls. Sie legen ein bewundernswertes Geschick an den Tag und übertreffen in dieser Kunst noch die Djur. Mit ihrem rohen Blasbalg, dem Steinhammer, einem kleinen Meißel oder Stemmeisen und der Zange aus einfach gespaltenem grünem Holz bringen sie Erzeugnisse hervor, die Sachkenner mit der Arbeit eines europäischen Landschmiedes verglichen haben.

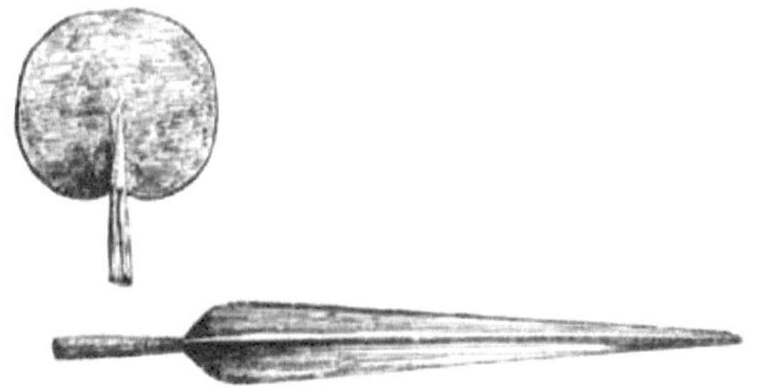

Das Eisengeld der Bongo (Spaten und Lanzenspitze)

Nach beendigter Ernte werden die Eisenschmelzen in Betrieb gesetzt. Die Bongo haben einen kunstvolleren Schmelzapparat ersonnen als die Djur. Die wichtigsten Arbeiten sind für den Handel bestimmt, es sind Lanzenspitzen und Spaten, der einzige Ersatz für gemünztes Geld, den Zentralafrika kennt. Unter dem Namen Melot hat der Spaten im Handel des oberen Nilgebiets eine weite Verbreitung. Außer diesen rohen Gebilden verfertigen die Schmiede auch Waffen, Geräte und Schmuck von vollendeter Güte und die für den Sklavenhandel erforderlichen Fesseln und Handschellen. Nicht geringere Sorgfalt verlangt die Herstellung der eisernen, und kupfernen Zierrate, die bei den Frauen im Gebrauch sind. Der stolzeste Schmuck der Männer ist der »Danga-Bor«, d. h. »Ringe nebeneinander«, der eiserne Ringpanzer für den Unterarm.

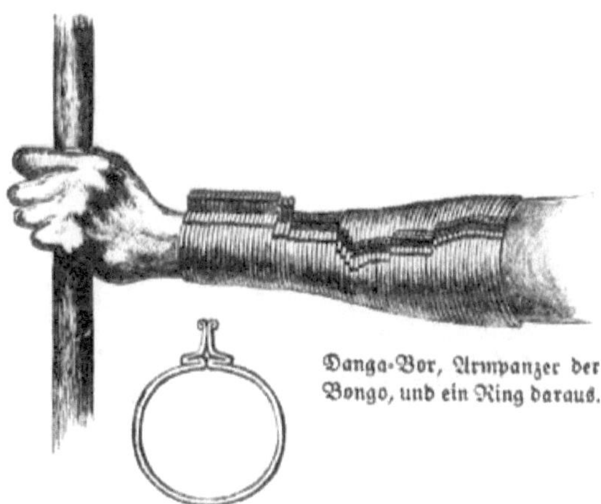

Danga-Bor, Armpanzer der Bongo, und ein Ring daraus

In zweiter Linie steht die Holzschnitzerei. Die zierlichsten Gebilde sind kleine vierfüßige, stets aus einem Stück geschnitzte Sessel oder Schemelbänkchen, die in keinem Haushalt fehlen dürfen. Die Frauen trifft man fast immer auf ihnen sitzend vor den Hütten an, der Mann verschmäht in der Regel jeden erhöhten Sitz. Andere Gegenstände sind Keulen, Mulden zum Ölpressen, becherförmige zierliche Mörser, in denen das Korn zerstampft wird. Sehr geschickt wissen sie aus Horn Löffel zu schnitzen, die sich auf jedem Markt in Europa sehen lassen könnten. Früher fanden sich in den Dörfern häufig ganze Reihen roh aus Holz geschnitzter Figuren, die am Eingang der Pfahlumzäunung oder bei den Hütten des Njere, des Dorfältesten, aufgestellt waren, um das Andenken an hervorragende Persönlichkeiten aus der Gemeinde zu verewigen. Das Bild der Frau stellt der überlebende Gatte pietätvoll in seiner Hütte auf. Der Bongo findet die Ähnlichkeit mit dem Original täuschend.

In einem Orte im westlichen Bongoland fand ich die wohlerhaltenen Reste des Grabschmuckes des Stammesältesten Janga. In Lebensgröße standen da die rohen Holzfiguren; sie stellten den Janga dar mit seinen Weibern und Kindern, in einer Prozession, die vom Grabe auszugehen schien.

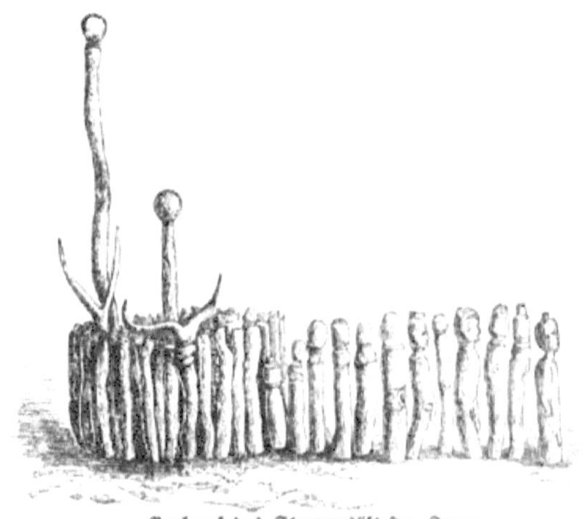

Grabmal des Stammesältesten Janga

Die naive Auffassung der individuellen Merkmale und ihre rohe Wiedergabe durch den Künstler ist aus meiner obenstehenden Zeichnung ersichtlich, die ein treues Abbild der ersten Versuche des Naturmenschen in der bildenden Kunst ist.

Alle Bongo sind leidenschaftliche Musiker. Sie verfertigen sich kleine Flöten und stellen auch eine Art Monochord her, einen kleinen Bambusbogen, dessen Sehne mit einer feinen Gerte geschlagen wird; als Resonanzboden dient die Mundhöhle, vor die das eine Ende des Bogens gehalten wird. Bei ihren Festen vollbringt das Orchester eine vollendete Katzenmusik. Unermüdliche Schläge der Pauken, Blasen auf Riesenhörnern aus ganzen Baumstämmen und auf kleinen Hörnern bilden den Grundton des meilenweit erschallenden Höllenlärms, während Hunderte von Frauen und Kindern die mit kleinen Steinchen gefüllten Flaschenkürbisse schütteln oder mit Stöcken und dürrem Reisig aufeinanderschlagen. Die Gesänge bestehen in einem plappernden Rezitativ, das halb an Hundejammer, halb an Kuhgebrüll erinnert. Solche Orgien machten auf mich immer den Eindruck, als sollten sie das entfesselte Treiben der Elemente verherrlichen.

Bongoorchester

Auf verhältnismäßig unentwickelter Stufe steht die Korbflechterei. Fischnetze, Wildgarn erfordern einen ungewöhnlichen Aufwand an Fleiß und Mühe. Die Töpferei wird nur von Frauen besorgt, die vor den schwierigsten Aufgaben nicht zurückschrecken. Die großen Wasserkrüge haben bis einen Meter im Durchmesser. Besonderer Fleiß wird auf die Herstellung tönerner Pfeifenköpfe verwendet. Nicht selten sieht man solche ganz nach europäischer Art in Gestalt eines menschlichen Kopfes geschnitten; derartige Stücke werden als Meisterwerke geschätzt und sind um keinen Preis zu erstehen.

Gemeinsam ist auch hier beiden Geschlechtern die Unsitte, sich die untern Schneidezähne auszubrechen. Die Männer tragen stets einen Schurz von Fell, oder sie befestigen einen Zeugfetzen an der nie fehlenden Lendenschnur. Das weibliche Geschlecht dagegen verzichtet hartnäckig auf Felle, Häute und Zeug; ein dichtbelaubter Zweig, auch wohl ein Bündel der feinsten Gräser, wird hinten und vorn an der Lendenschnur als Schurz befestigt. Das Haar wird bei Männern und Frauen in der Regel ganz kurz gehalten. Alle völlig ausgewachsenen Weiber erreichen einen hohen Grad von Wohlbeleibtheit. Ihre Schenkel haben nicht selten die Stärke des Brustumfangs schlanker Männer. Die Silhouette eines würdevoll einherschreitenden Bongoweibes erinnert an die Gestalt eines tanzenden Pavians. Ein Körpergewicht von drei Zentnern gehört durchaus nicht zu den Seltenheiten!

Bei wenigen Völkern Zentralafrikas ist der Gebrauch der verschiedenartigsten Zierrate so allgemein. Sobald das Weib verheiratet ist, beginnt man die durchlöcherte Unterlippe mit einem eingesteckten Holzpflock zu erweitern, sodass sie schließlich das Fünf – und Sechsfache des gewöhnlichen Umfangs erreicht und weit über die Oberlippe hinausragt. In die Oberlippe wird ein kupferner Nagel gesteckt. Auch die Nase bleibt nicht frei. Kupferringe werden durch die Nasenscheidewand gezogen. Zum Überfluss fügen sie kupferne Klammern in die Mundwinkel ein. In sehr seltenen Fällen sind alle diese Zierrate vereinigt, nur der Pflock in der Unterlippe ist unentbehrlich und dient als Stammesmerkmal. Die Tätowierung ist meist auf den Oberarm beschränkt. Bei den Männern kann sie sehr verschieden sein, bei vielen fehlt sie ganz. Den Schmuck einer Bongodame vervollständigen Ringe von Kupfer oder Eisen, am liebsten an den Fußknöcheln, wo sie gewöhnlich mehrfach übereinander gereiht sind.

Die Waffen beschränken sich auf Lanze, Pfeil und Bogen. Schilde finden sich nur ausnahmsweise. Bogen und Pfeil führen sie mit bewundernswerter Geschicklichkeit.

Für eine Frau hat selbst der Ärmste dem Vater einen Haufen Eisenplatten als Kaufgeld zu entrichten, mehr als drei Frauen sind nicht üblich. Selten hat eine Bongofrau weniger als fünf Kinder. Kinderlosigkeit ist für den Mann immer ein Grund zur Scheidung. Bei Ehebruch sucht der Mann den Verführer zu töten, das Weib kommt mit Prügeln davon. Kinder, die nicht mehr gesäugt werden, dürfen nicht in der Hütte der Eltern schlafen, die größeren erhalten eine eigene Hütte. Die Bongo beschämen in diesem Punkt einen großen Teil der Bewohner Europas.

Der Tote wird unmittelbar nach dem Ende mit angezogenen Knien in kauernde Stellung gebracht, in einen Sack gehüllt und in das sehr tiefe Grab gesetzt, Männer mit dem Gesicht nach Norden, Frauen nach Süden. Über dem Grab errichtet man einen hohen Steinhügel, mitten darauf wird ein Wasserkrug gestellt. Stets bezeichnet man die dicht neben der Wohnhütte gelegene Stätte durch hohe Holzpfähle, die mit vielen Kerben verziert sind. Niemand wusste mir eine ausreichende Deutung für diese Pfähle zu geben.

Ein religiöser Kultus in unserm Sinn fehlt den Bongo. Bemerkenswert ist ihre Furcht vor bösen Geistern, deren Sitz allgemein in das nächtliche Dunkel des Waldes verlegt wird. Gute Geister sind ihnen unbekannt. Im Verdacht, sich mit bösen Geistern in Verkehr setzen zu können, stehen alle alten Leute, besonders die Weiber. Alte, in deren Besitz sich verdächtige Hölzer und Wurzeln finden, werden unfehlbar erschlagen, selbst wenn es Vater oder Mutter beträfe. Der echte, unverfälschte Hexenglaube ist im Bongoland verbreiteter als irgendwo in der Welt, und Hexenverfolgungen waren an der Tagesordnung. Bejahrte Leute gehören zu den größten Seltenheiten. Der Ghattassche Verwalter Idris prahlte, er allein habe an einem einzigen Tag sechs Hexen abschlachten lassen.

Die Heilmethode ist höchst einfacher Art. Innere Krankheiten werden nur mit Übergießen von sehr heißem Wasser behandelt. Geschickter sind die Bongo in der Behandlung von Wunden. Krüppel und Missgeburten waren nirgends anzutreffen, nur Zwerggestalten finden sich hin und wieder. Verrückte werden gefesselt und in den Fluss geworfen und von gewandten Schwimmern tüchtig untergetaucht. Rasende werden einge-

sperrt und gefüttert; im allgemeinen ist ihr Los weit glücklicher als dasjenige, das des unverschuldeten Alters harrt.

Wichtig ist die Frage der Zugehörigkeit der Bongo gerade mit Rücksicht
auf die beispiellose Mischung der Völker in Afrika. Man muss anneh-
men, dass es die Stämme am Tschadsee sind, zu denen die Bongo die
meiste Verwandtschaft haben, aber es ist schwer, in dem Wirrsal des
afrikanischen Völkerbaus den leitenden Faden herauszufinden. Ein ge-
meinsamer Zug lässt sich nicht leugnen, der durch das große Afrika geht
und hoch erhaben über der Fülle der Einzelheiten thront: die menschliche Einheit des weitaus größten Teils seiner Bewohner. Bald wird das
Bongovölklein für immer vergessen sein, und neue Bildungen werden an
seine Stelle treten.

8. In einem unglücklichen Land.

Nach Ablauf der Regenzeit setzte ich die Reise fort. Meine botanischen Studien in der Umgebung der Seriba Ghattas waren beendet, und ich entschloss mich, mein Schicksal mit dem des stets gefälligen Mohammed Abd-es-Ssammat zu verknüpfen. Dieser war am weitesten nach Süden vorgedrungen und hatte bereits wiederholt den großen rätselhaften Fluss der Mangbattu überschritten, der, unabhängig vom Nilsystem, nach Westen strömen sollte. Auch konnten einige tausend Mariatheresientaler für Trägerkosten erspart werden, wenn Mohammed seine Versprechungen hielt, und er war ein Mann von Wort. Am 17. November 1869 setzte sich die aus 250 Trägern und Bewaffneten bestehende Karawane in Bewegung. Mein Gepäck war auf 36 Lasten beschränkt; begleitet war ich von meinen nubischen Dienern und drei arabisch sprechenden Sklaven als Dolmetschern.

Der Marsch durch gut bewässertes, langsam aus der Anschwemmungsebene des Nilgebiets ansteigendes Land zeigte nur zu viele Spuren der Verödung durch Steppenbrände und durch die Misswirtschaft der nubischen Händler. Eine Strecke von etwa 130 Kilometern war noch vor drei Jahren gut bebautes und bevölkertes Land gewesen, jetzt enthielt sie nur noch wenige Bongosiedlungen. Seitdem die Bongo in Massen unter die Dinka geflüchtet waren, weideten jetzt auf den fetten Grasflächen des ehemaligen Kulturlandes nur noch Elefanten und Antilopen. Aus dem Grase starrten hin und wieder die verkohlten Reste großer Dörfer. In der nur spärlich bebauten Umgebung einer der Seriben war das nackte Gestein weit und breit mit menschlichen Gebeinen bedeckt. Zusammengeraubte Sklaven erlagen hier in Menge den Anstrengungen ihres Marsches, oft auch mögen sie wohl buchstäblich den Hungertod erlitten haben, sobald in dem öden Lande kein Korn mehr aufzutreiben war. Verbrannte menschliche Gebeine und verkohlte Hüttenpfähle bezeichneten hier das Vorrücken des Islam. Auch in den Seriben selbst harrte meiner ein empörendes Schauspiel: eine Anzahl hilfloser Kinder, Bilder des Jammers und des äußersten Elends.

Nach siebentägiger Wanderung durch fast unbewohnte Gegenden befand ich mich in der Hauptseriba Mohammeds, die nach dem Anführer seiner Bongo den Namen Ssabbi trug; sie war von zahlreichen Dörfern und ausgedehnten Feldern umgeben. Von hier aus beherrschte Mohammed seine Bongo- und Mittugebiete, die in ihrer längsten Ausdehnung nicht weniger als 120 Kilometer maßen. Die Speicher der Bongo waren jetzt gefüllt, da die Ernte soeben erst beendet war. Da ging es lustig her, und meine nächtliche Ruhe war häufig durch wilden Lärm gestört. Aus dem Waldesdunkel machten sich die Orgien der Bongo vernehmbar. Nun geht es los mit dem Zappeln und Tanzen, die öltriefenden Kautschukgestalten beginnen ihre Schaukelbewegungen mit maschinenhafter Beharrlichkeit, bis die Lunge der Posaunenbläser erlahmt und die Fäuste der Paukenschläger steif werden. Eine Pause, dann beginnt das Toben von neuem. Der Gegenstand ihrer Späße ist in der Regel derbster Art.

Alle Welt klagte über Verarmung und Verödung des Landes. Die hier sesshaft gebliebenen Bongo hatten ihren früheren Reichtum an Schafen, Ziegen und Hühnern längst eingebüßt, auch der Kornbau war vernachlässigt worden. Sie erzählten, sie hätten im ersten Jahr des Eindringens der Chartumer alle ihre Schafe, Ziegen und Hühner aufgegessen, aus Angst, dass ihnen nun alles genommen werden würde. War die Ernte ergiebig, so schwelgte man, bis der Vorrat aufgebraucht war. Verhungern können die Leute nicht so leicht, da die weiten Wälder unerschöpfliche Vorräte an Knollen und Früchten bergen. An Fruchtbarkeit stand die Gegend meinem früheren Standquartier nicht im geringsten nach. Aber die Fläche des angebauten Landes war weit geringer. Was ein jeder besaß, suchte er ängstlich zu verbergen.

In voller Sicherheit, bei unbeschränkter Gastfreundschaft und achtungsvoller Behandlung verlebte ich in Ssabbi angenehme Tage, die ich mit kleinen Ausflügen, Jagd, ethnografischen, botanischen und zoologischen Beobachtungen ausfüllte. Den Dezember und die erste Hälfte des Januar 1870 verbrachte ich auf einer weit nach Osten und Südosten ausgedehnten Rundreise durch das benachbarte Land der Mittu. Überall fand ich in den Seriben Mohammeds den freundlichsten Empfang und reichliche Bewirtung, meine Leute aber konnten schwelgen. In einer Seriba sah ich eine Sklavenkarawane, 150 junge Mädchen und kleine Kinder, die für die Nacht in zwei Hütten zusammengepfercht waren, im übrigen aber menschlich behandelt wurden. Eine Anzahl alter Sklavinnen war mit der Beaufsichtigung und Beköstigung der Kinder betraut, die Bewirtung schien mit vieler Ordnung vor sich zu gehen. Auch für meine Begleitung ward auf das beste gesorgt. Freilich wurde in diesem unglücklichen Land eigentlich jeder Bissen zum Gewissensbiss, das Brot, das man aß, wurde den Ärmsten entrissen. Man schwelgte im Überfluss von Rindfleisch, aber man hatte es geraubt von armen Wilden. Mancher Beschwerde war ich ausgesetzt, da ich auch ärztlichen Rat zu erteilen hatte.

Die Veranlassung waren gewöhnlich kleine Verletzungen und Gras-
schnittwunden, die durch eine unvernünftige Heilmethode verschlimmert worden waren. Ich sah Leute, denen einzelne Zehen fehlten, andere
hatten am Schienbein oder auf dem Rücken des Fußes die ekelhaftesten
Wunden. Gelegentlich habe ich diese aufgedrungene ärztliche Tätigkeit
zu einer derben Strafpredigt benutzt: Es sei merkwürdig, dass das Gras
nur hier so böse sei, es sei gewiss eine Strafe Gottes für die Räubereien
an fast wehrlosen Wilden!

9. Mohammeds Strafpredigt.

Der Weg führte wiederholt über ansehnliche Zuflüsse des Nil und durch Landschaften von malerischer Schönheit. Entzückend war vor allem die Seriba Mwolo der östlichste Punkt meiner Rundreise. Keine andere Gegend trug ein so eigenartiges Gepräge. Soweit das Auge reichte, war die Fläche mit riesigen Steinblöcken abenteuerlichster Gestalt, vereinzelten Gebüschgruppen und Bäumen und dazwischen mit freien Grasflächen bedeckt. Die reiche Farbenpracht der Landschaft prangte im bunten Laubschmuck des Herbstes. Aus den Baumgruppen schossen zierliche Fächerpalmen hervor, und jeder Felsblock, von Schlinggewächsen aller Art umfangen, lud zum Zeichnen ein. Die Seriba selbst, ein fürchterlich verworrener Pfahlbau, war einzig in ihrer Art. Die dicht gedrängte Masse der Hütten lehnte sich an haushohe Granitblöcke an, zwischen denen die stolzen Säulen der Fächerpalmen sich erhoben. Die kegelförmigen Hütten waren auf mit Ton bestrichene Gerüste gestellt, wie Papiertüten auf einen Tisch; davor der große Viehhof mit Hunderten von Rindern. Unter den Sonnendächern saßen die Viehhüter vom Dinkastamm um glühende Dunghaufen geschart; wonnig lagen sie in der weichen Asche und sogen mit Behagen den ihnen so lieben Duft ein.

Die Pfahlbau-Seriba Molo

Zu dem fremdartigen Wesen der Umgebung stimmte nicht nur der merkwürdige Baustil der Seriba, auch die vierfüßigen Bewohner der Gneisfelsen, die auf meiner Zeichnung rechts im Vordergrund erschienen, waren Sonderlinge ersten Rangs. Klippschliefer trieben dort ihr Wesen und konnten, sobald es dunkelte oder am frühen Morgen, bequem beobachtet werden. Wie Murmeltiere sitzen sie am Eingang ihrer

Schlupfwinkel, in die sie sich bei nahender Gefahr grunzend und schnalzend zurückziehen.

Eine halbe Stunde im Nordosten zwängt sich der Rohlfluss durch ein Bett wild übereinandergewürfelter Granitblöcke und gliedert sich in drei Arme. Die zwei größeren Inseln sind mit dichtem Buschwald bestanden. Ein bezauberndes Vegetationsbild boten die Fächerpalmenhaine, die die Ufer beschatteten. Der nördliche Arm bildet einen jähen Sturz von 15 Metern, wildschäumend wirft er sich in die Höhlung der Felsblöcke, die von moosartigem Polster überzogen sind. Der gesamte Fall innerhalb der Stromschnellen beträgt mindestens 30 Meter. Weiter oberhalb fließt der Rohl wieder in regelmäßigem Bett von 30 Meter Breite. Zwischen den Blöcken, die so glatt und rein waren wie Marmorbänke, befanden sich Becken mit kristallhellem Wasser. Hohe Fächerpalmen und dichtes Gebüsch verbreiteten kühlen Schatten; es war ein Ort, geweiht den Nymphen des Waldes und der Quelle.

Die Seriba Kuraggera, wie der Ort nach dem Dorfältesten genannt wurde, war der südlichste Punkt meiner Rundreise. Hier traf ich mit meinem Beschützer Mohammed Abd-es-Ssammat zusammen, der sich bei dieser Gelegenheit von einer neuen überraschenden Seite zeigte. Er bestimmte einen ganzen Tag zu Festlichkeiten in großartigem Stil. Seine Völker, in Gruppen von je 500 Mann nach den Stämmen abgesondert, sollten Kriegstänze zum besten geben, würdig ihres Gebieters. Er selbst war überall mitten unter ihnen. Seine Lustigkeit ging soweit, dass er sich selbst wie ein »Wilder« ausputzte, wozu sich kein anderer Nubier verstanden hätte. Bald war er mit Lanze und Schild, bald mit Pfeil und Bogen in der Hand unermüdlich bis zum Abend als Vortänzer der einzelnen Gruppen tätig. So war er ein echter Njere-Goio, ein Festordner. Hier tanzte er als Bongo, dort als Mittu; bald erschien er als Niamniam aufgeputzt im bunten Fellschurz, bald ahmte er den Mangbattu nach, denn überall war er zu Hause, und die nötigen Kostüme waren leicht beschafft. Unter den Bongo von Ssabbi gab es mehrere, die für theatralische Darstellungen ein besonderes Geschick an den Tag legten. Zum Ergötzen der umstehenden Nubier veranschaulichten sie die Szene, wie Abd-es-Ssammat einen Gegner überfallen und geprügelt hatte. Dazwischen ertönte ein unaufhörliches Knallen bei Gewehre, und die Donnerbüchsen, die handvollweise mit Pulver geladen wurden, umhüllten für einige Minuten die Gruppen der Tanzenden mit dichten Rauchwolken. Der Lärm und Staub, der den ganzen Tag über währte, ermüdete mich mehr als der stärkste Tagesmarsch.

Am nächsten Tag rief Mohammed die neu unterworfenen Häuptlinge der Madi zusammen, um ihnen ihre Obliegenheiten einzuschärfen. Ich war Zeuge dieser charakteristischen Szene, und da der Dolmetscher in sehr umständlicher Weise Satz für Satz den Negerhäuptlingen übertrug, so entging mir kein Wort. Mohammed begann mit schrecklichen Drohungen und Flüchen; dann malte er mit den grellsten Farben die fürchterlichsten Strafen aus, die ihrer harrten, falls sie ihm ungehorsam werden sollten. Auf der andern Seite brüstete er sich mit seiner Großmut.

»Seht,« so sprach er, »eure Weiber und Kinder will ich nicht, euer Korn nehme ich nicht, aber ihr müsst für die Fortschaffung meiner Vorräte Sorge tragen, damit die Leute in der Seriba nicht verhungern. Du, Kuraggera, gehst jetzt in die Dörfer und rufst die Männer und Jünglinge zusammen, die Weiber und Jungfrauen, die Wasser holen vom Bach, und dann befiehlst du ihnen, dass sie samt und sonders in der Frühe sich hier einfinden. Sie müssen das Korn nach Derago schaffen. Die Ballen sind von allen Größen, den Kräften des Einzelnen entsprechend. Und wenn einer der Träger unterwegs davonläuft und seine Last wegwirft, dann – sieh! reiße ich dir dies Auge aus. Und wenn eine Last abhanden kommt oder gestohlen wird, hacke ich dir mit diesem Schwert den Kopf ab!« Bei diesen Worten sauste das riesige altdeutsche Ritterschwert an dem Haupt des Madi-Ältesten vorbei.

»Und nun zu dir, Kaffulukku. Ich weiß, die Leute Poncets sind neulich gekommen und haben sich zwei Elefanten geholt. Du hast ihnen Boten geschickt um des Lohnes willen, den sie dir versprachen! Du aber, Goggo, warum ließest du das zu auf deinem Gebiet? Wenn die Leute Poncets wiederkommen, so schlagt sie tot! Und wenn sich das noch einmal wiederholt, so müsst ihr es mit dem Leben büßen, und wenn einer von euch Elfenbein hinträgt zu den Nachbarn in die fremden Seriben, so lasse ich ihn lebendig verbrennen! Dass ihr es euch nicht einfallen lasset, einem meiner Leute ein Leid zuzufügen: da zieht ein Türke allein des Wegs, und die Neger schleichen nebenher im Gras und schießen mit Pfeilen, und der Türke stirbt – seht! die Ratten vergraben sich in der Erde, und die Frösche und Krabben haben ihre Löcher, aber man gräbt sie aus, und die Schlangen verkriechen sich im Stroh, aber man zündet es an. Und wollt ihr uns die Steppe über den Köpfen in Brand stecken, dann mache ich ein Gegenfeuer, und euer Verrat wird zuschanden. Wollt ihr aber in die Höhlen von Derago fliehen, dann schieße ich mit Schiteta, mit Paprika, aus Elefantenbüchsen in eure Schlupfwinkel, und ihr müsst hervorkriechen und mich um Gnade anflehen. Oder aber: Das Wasser hier im

Bach fließt spärlich, da kommen die Neger und legen böse Wurzeln in den Chor, in den Bach, und die Türken trinken, und die Türken sterben – glaubt ihr denn, ihr seid wie die Vögel, dass ihr davonfliegen könnt, um meiner Rache zu entgehen?« In diesem Ton ging es noch eine Weile fort.

Kurz vor dem Abmarsch erlebte ich in Kuraggera noch eine komische Szene. Mohammed mühte sich ab, den Madi-Ältesten die Zahl der erforderlichen Träger begreiflich zu machen. Die Madi können, wie die meisten Völker von Afrika, nur bis zehn zählen. Rohrhalme waren bündelweise zu zehn und zehn zusammengebunden, und der Neger, hatte er sie einmal in Händen, begriff ganz gut die Zahl, er konnte sie nur nicht aussprechen. »Hast du jetzt begriffen?«, wurde Kuraggera gefragt, der 1530 Leute zu stellen hatte. Er machte eine bejahende Geste, dann erhob er sich und schritt, das mächtige Paket Rohrstäbe unter dem Arm, seinem Dorf zu.

Am 15. Januar 1870 betrat ich wieder die gastlichen Hütten von Ssabbi. Der Ausflug nach Osten hatte eine Gesamtlänge von 390 Kilometern erreicht. Wenn mein Weg sich auch an einigen Stellen mit den Wegen des Franzosen Poncet und des britischen Konsuls Petherick (1859 und 1863) berührte, war es mir doch vergönnt, das Gebiet eines Volkes, das bis dahin selbst dem Namen nach völlig unbekannt war, in fast allen seinen Teilen durchwandert zu haben. Die Mittu, wie die Chartumer diese Volksgruppe nennen, können sich alle untereinander verständigen, wenngleich verschiedene Dialekte gesprochen werden. Am meisten nähern sie sich den Bongo, von denen sie sich jedoch vor allem durch einen weit schwächlicheren Körper unterscheiden. Nichts erklärt in dem durchweg fruchtbaren Lande diese Schwächlichkeit; die Mittuvölker sind ebenso fleißige Ackerbauer wie die Bongo und bauen die mannigfaltigsten Getreidearten Knollengewächse, Öl- und Hülsenfrüchte. Wesentliche Unterschiede verraten die Stammeseigentümlichkeiten der Mode.

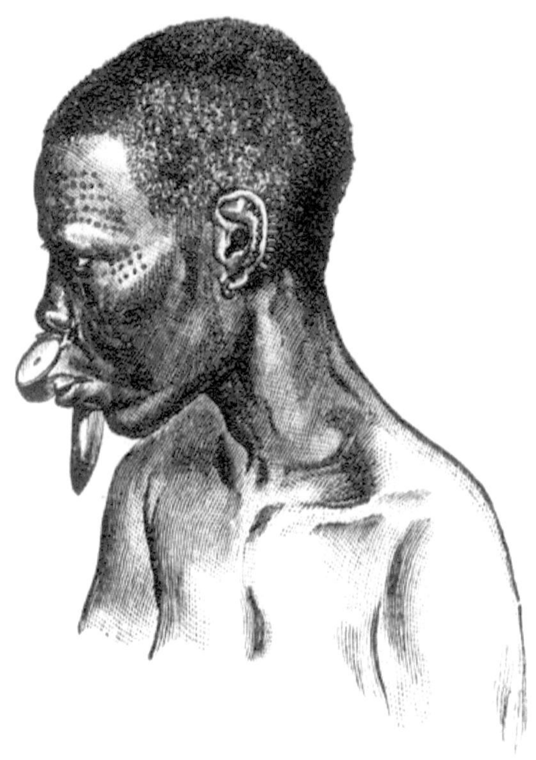

Eingeborene im doppelten Lippenschmuck

Die Frauen leisten an fratzenhafter Verunstaltung des Gesichts Unüber-
treffliches. Kreisrunde, talergroße Scheiben, bis drei Millimeter dick und
drei Zentimeter im Durchmesser, werden in beide durchlöcherte Lippen
hineingezwängt. Diese dehnen sich zu enormem Umfang waagerecht
aus. Wenn die Frauen trinken wollen, müssen sie die Oberlippe mit dem
Finger hochheben und das Getränk in den Schlund gießen. Auch kegel-
förmig geschliffene Quarzstücke, die eine Länge von sechs Zentimetern
erreichen können, stoßen sie durch die Lippen. Die Madi, die nicht zu
verwechseln sind mit dem gleichnamigen Stamm am oberen Weißen Nil,
verfertigen Kappen, die aufs zierlichste mit bunten Perlen bestickt sind
und genau der Schädelwölbung angeschmiegt werden. Tätowierung
spielt eine größere Rolle nur bei den Männern; man erkennt die Madi
sofort an den zwei Reihen von Punkten, die von der Nabelgegend auf-

wärts nach den Schultern zu verlaufen. Die Frauen der meisten Stämme haben auf der Stirn gewöhnlich zwei parallele Punktreihen tätowiert. Sehr mannigfaltig sind die kleineren, aus Kupfer und Eisen hergestellten Zierraten, Glöckchen und Schellen, kleine Anker und Beile. Der Rand der Ohrmuschel ist bei allen Frauen mit einer Menge von kleinen Ringen geziert. Alles, was diese Volksstämme an Gebrauchsgegenständen auf dem Leibe tragen, muss an Ketten hängen. Die Armringe haben häufig einen scharfkantigen oben gezackten Rand, der mit Dornen versehen ist, um im Einzelkampf die Wirkung der Schläge zu verstärken. Männer und Frauen tragen fingerdicke Eisenringe eng um den Hals geschmiedet, zu zwei, drei, ja vier übereinandergeschichtet. Auch massive Halsbinden von Leder, stark genug, um Löwen an die Kette zu legen, sind in Gebrauch. Erst Tod und Verwesung erlösen die Mittu von diesen Fesseln der Mode, man müsste geradezu den Kopf abschneiden, um die Ringe vom Halse zu entfernen.

In vieler Hinsicht stehen die Mittuvölker den Bongo weit nach. Man erkennt dies am deutlichsten an den kleinen, nachlässig gebauten Hütten, deren Größe oft nur wenig die eines mäßig übertriebenen Reifrocks von anno 1856 übersteigt; nur in ihren musikalischen Leistungen übertreffen sie alle Nachbarvölker. Auf der Flöte sind namentlich die Madi Meister. Von den Mittu wird die Musik wirklich melodisch behandelt. Ich hörte sie im Chor singen, wobei sie ein genau eingehaltenes Motiv zu variieren bestrebt waren. Taktmäßig unterstützten Männer und Weiber, alt und jung, den hundertstimmigen Chor.

10. Tod dem Blattfresser.

Von der Reise durch das Mittuland nach Ssabbi zurückgekehrt, erledigte ich in zwei Wochen die letzten Vorbereitungen für den Weitermarsch. In Gegenden, wo es kein anderes Transportmittel gibt als die Köpfe der Eingeborenen, verfügte ich allein zur Fortschaffung meiner naturwissenschaftlichen Sammlungen über vierzig auserlesene Träger. Ich verdankte diesen Vorteil meinem Freunde Mohammed Abd-es-Ssammat, diesem merkwürdigen Afrikaner, der seine »Bande« mit meisterhaftem Geschick behandelte, bald gemütlich und freigebig, bald rücksichtslos wie ein kleiner Tyrann, sobald er seiner Sache sicher war.

Es war eine buntscheckige Gesellschaft, die am 29. Januar 1870 von Ssabbi aufbrach, bald in, getrennten Abteilungen – auch Leute des Ghattas hatten sich auf Grund einer besonderen Abmachung dem Zuge angeschlossen –, bald vereinigt. Im ganzen waren es etwa 1000 Köpfe, Bewaffnete, Träger, ein Korps von Weibern und Sklavinnen, viele Knaben als Gewehrträger, alle begleitet von einer Rinderherde, die die Ghattassche Gesellschaft aus dem Dinkalande geraubt hatte. Ein unendlicher Zug, der sich oft über mehr als sieben Kilometer ausdehnte, schlängelte sich im Gänsemarsch durch Steppe und prachtvolle Parklandschaft, durch menschenleere Grenzwildnisse zwischen feindlichen Stämmen. Schon vor Überschreitung der Wasserscheide zwischen Nil und Uelle ändert sich wieder einmal die Pflanzenwelt. In wunderbarer Einfachheit gliederten sich auf meiner über 26 Breitengrade sich erstreckenden Reise die Gebiete der Pflanzenverteilung je nach der geografischen Zone und den meteorologischen Verhältnissen. Zuerst 1500 Kilometer trostlose Wüste; dann sah der Wanderer sie schrittweise übergehen in die weiten, baumlosen, aber mit ununterbrochenem Graswuchs bekleideten Steppen. Aus diesen gelangte er in die lieblichen Gefilde des Buschwaldes, wo die Gewächse sich des kummervollen Dornschmuckes der Wüste entkleideten und ihn wieder das weiche Laub der Heimat umfing. Jetzt erst betrat er dasjenige, was man mit Fug und Recht Urwald nennen konnte. Mit prachtvollen Walddickichte am Bach bei Kulenscho beschäftigten mich den ganzen Tag. Zum ersten Mal erschlossen sie den vollen Zauber dieser Pflanzenwelt, die von der Flora der bisher durchforsteten Nilgebiete so ganz verschieden war.

In einer großen Seriba Mohammeds, der Seriba Ssurrur, 167 Kilometer südlich von Sfabbi, unter 4 Grad 50 Minuten nördlicher Breite, blieb ich einen halben Monat, vom 10. bis 26. Februar 1870. Hier, bereits unter den

Niamniam, über die ich noch eingehend zu berichten habe, hatte Mohammed einen ehemaligen Landsknecht aus fürstlichem Geblüt als Häuptling über das gewaltsam gewonnene Gebiet eingesetzt. Er besaß solcher Landsknechte viele, die aus dem Niamniamland stammten und eine Hauptstütze seiner Macht bildeten. Unterstützt durch eine Streitkraft, die aus 40 bis 50 mit Flinten bewaffneten Nubiern bestand, beherrschte Ssurrur das gut bevölkerte, 2400 Quadratkilometer umfassende Gebiet. Das Verhältnis der Niamniam zu ihrem Beherrscher war überall ein bei weitem minder knechtisches als bei den Mittu und Bongo.

Größere Zwischenfälle ereigneten sich nicht. Die Bevölkerung zeigte sich friedlich, und Mohammeds Trägerkarawane hatte in einem halben Jahr nur zwei Tote aufzuweisen. Einer starb an einer Magenüberladung, den andern hatte ein Löwe vom nächtlichen Wachtfeuer weggeholt.

Bedenklich wurde die Lage, als man in das Gebiet des Häuptlings Uando kam. Er hatte angeblich gedroht, diesmal sollte ihm Mohammed nicht entgehen, er wolle ihn vernichten mit allen seinen Leuten; auch der »Blattfresser« – der Mbarik-päh, wie man mich wegen meiner botanischen Sammlungen zu nennen pflegte – müsse das Schicksal Mohammeds teilen. Aber Uando überlegte sich die Sache schließlich und ließ durch Boten mit versöhnenden Bierkrügen seine friedlichen Absichten aussprechen. Bei unserer Rückreise hat er dann das Versäumte nachgeholt.

Der kritische Punkt lag glücklich hinter der Karawane, die von da ab in zwei Abteilungen, Mohammed und Ghattas, marschieren konnte. Kurz darauf, am 2. März 1870, kam ich an eine Linie von der größten Bedeutung. Als der erste von Norden kommende Europäer überschritt ich die südliche Wasserscheide des Nil. An dem denkwürdigen Tag, an dem ich den Linduku verließ, den letzten von mir passierten Nilzufluss, hatte ich freilich keine Ahnung von der Bedeutung der Scholle Landes, auf der meine Füße weilten. Klar wurde mir die Wasserscheide erst, als ich mir aus den Angaben der Niamniam Aufklärung verschaffte über die Zugehörigkeit des folgenden Flusses, des Mbruole, zum System des Uelle. Südwärts vom Linduku ging es bergauf, bergab durch tiefe Einschnitte, während zu beiden Seiten kleine Hügelkuppen auftauchten, die die welligen Bodenfalten beträchtlich überragten.

Die Meereshöhe der eigentlichen Wasserscheide schätzte ich auf etwa 1000 Meter. Wir waren bei den vielfachen Störungen und Abweichungen, die die Geländeverhältnisse der Wasserscheide mit sich brachten, vom Linduku aus noch kaum sieben Kilometer vorgedrungen, als wir schon die Ufer eines Nebenflusses des Uelle, des Mbruole, erreichten. Dieser floss, von breiten Waldsäumen umgürtet, in einer wenig eingesenkten Niederung dahin, 25 Meter breit bei zweidrittel Meter Wassertiefe, mit ziemlich langsamer Strömung. An dieser Stelle war im vergangenen Jahr ein Schimpanse erlegt worden. Für die Wasserscheide war diese Tatsache von besonderem Interesse, denn in allen nördlich von hier gelegenen Uferwaldungen hatte ich nirgends den Nachweis erhalten, dass man dieser Menschenaffen ansichtig geworden wäre; der erste nicht mehr zum Nilsystem gehörige Fluss sollte nun erst Kunde von ihrem Vorkommen geben.

Nach einstündigem Marsch durch offene Steppe gelangten wir an eine große wasserreiche Niederung. Es war ein breiter Sumpfstreifen. Eine Pflanzenerscheinung neuer Art waren massige Dickichte von Pandanus, einer in den tropischen Florenbereichen der Alten Welt tonangebenden Charakterpflanze. Hier war der erste sichtbare Fingerzeig für das Betreten eines neuen Stromgebiets. Jetzt erst begannen die ernstlichen Schwierigkeiten afrikanischer Fußwanderung. Da lagen modernde Baumstämme, die beim Betreten sich tückisch drehten, andere waren glatt und boten dem Fuß keinen Halt, dann kamen tiefe, von Wasser erfüllte Löcher, oder von schwimmenden Pflanzen verräterisch überdeckte Fallgruben. Da gab es ein Springen von Erdklumpen zu Erdklumpen, wobei man balancieren und tasten musste. Vergebens sah sich die Hand nach Hilfe um, die langen Pandanusblätter mit ihrem Sägezahnrand wiesen jeden Händedruck zurück. Des Schimpfens und Fluchens der Nubier, des Gepolters der Sklavinnen mit ihren Schüsseln, Kürbisschalen und Kalebassen im Gedränge in den stachligen Dickichten war kein Ende. Lustiges Hallo aus hundert Kehlen galt immer einer Sklavin, die mit ihrem ganzen Küchenkram in einer Lache verschwunden war, während die Kürbisschalen auf der trüben Flut schwammen. Ich war natürlich in beständiger Sorge um das Gepäck. Meine Bongoträger waren aber erprobte Männer und erfahren in dem Durchwaten solcher Sümpfe; keiner von ihnen kam zu Fall. Nach vollbrachtem Waten im Sumpf machte sich eine Reinigung notwendig von dem schwarzen Schlamm und Humusmoder, der zäh am Körper haftete. Fröstelnd stand der weiße Mann im Wind, bis hilfreiche Geister reines Wasser zum Abspülen entdeckt hatten. Dann fiel der Blick auf die dicken Blutegel, die an den Beinen hingen; mit Pulver aus dem Pulverhorn musste man sie bestreuen, um sie zum Abfallen zu bringen, und die Kleider tränkten sich mit Blut.

11. Im Lager des Verräters.

Tags darauf, am 3. März 1870, langten wir am Wohnsitz des Niamniam-häuptlings Uando an. Mohammed machte diesem Vorwürfe wegen seines verdächtigen Benehmens, und fast wäre es zu einem Zusammenstoß gekommen. Dann aber begann ein lebhafter Handelsverkehr mit den Eingeborenen, die große Elefantenstoßzähne herbeitrugen. Uando selbst erschien in einem langärmeligen Hemd von geblümtem Kattun und tat sehr harmlos; man sah ihn sogar Arm in Arm mit Mohammeds Hauptleuten durch das Lager schlendern. Auch in meinem Zelt machte er Besuch. Von untersetzter Gestalt, riesig entwickelt an Muskelfülle und Fett, nur von wenigen Fellen umgürtet, ließ er sich auf meinem einzigen Stuhl mit einer Würde nieder, deren sich kein Europäer zu schämen gehabt hätte. Seine Gesichtszüge waren regelmäßig und in ihrer Art schön. Vor Erregung schlug ich mit der Faust auf den Tisch und warf ihm seine früheren feindseligen Kundgebungen vor; bitter beklagte ich mich über seinen Mangel an Gastfreundschaft.

Der Erfolg war über Erwarten schrecklich! Uando schickte mir einige magere Hühner und eine Anzahl großer schwarzer Töpfe. Ein abscheulicher Geruch wie von brenzligen Ölen, Schmierseife und verdorbenen Fischen drang aus den Tongefäßen zu der Nase des Neugierigen. Bei näherem Nachsehen gewahrte das Auge Fäden und Faserstränge wie von aufgelöstem Tauwerk, umflossen von einer dunkeln Brühe, dazwischen Lederabfälle und altes verknotetes Riemenzeug. So mögen unsere Vorfahren in den Wäldern der Urzeit Europas Mammutbraten und Rhinozerosfüße zubereitet haben. Die Töpfe waren erfüllt von einem angebrannten, räucherigen Ragout von Kaldaunen eines zweihundertjährigen Elefanten, sehr zähe und mit sehr starkem Wildgeruch. Dieses Ergebnis der Naturforschung wurde mir indes erst von meinen Bongoträgern mitgeteilt, denen ich das Gericht überließ und die auf diesem Gebiet die bessere Erfahrung besaßen. Selbst meine nubischen Diener, die im übrigen in den durch ihre Religion als essbar erlaubten Dingen durchaus nicht allzu wählerisch waren, hatten diese Speise mit Entrüstung von sich gewiesen.

Als im vergangenen Jahr eine der Ghattasschen Abteilungen durch die Gebiete Uandos zog, waren sechs Nubier auf der Jagd in den benachbarten Wäldern von Niamniam umgebracht worden. Die Eingeborenen hatten ihnen als Führer in den Dickichten gedient. Nachdem die Nubier ihre ganze Munition auf Perlhühner verschossen hatten, waren die Niamniam über sie hergefallen und ihrer leicht Herr geworden, da die Fremden außer Flinten keine andern Waffen mit sich führten. Mohammed forderte nun die sechs Gewehre zurück, die zweifelsohne in Uandos Besitz übergegangen waren. Uando lieferte jetzt dem Drange folgend vier der geraubten Flinten aus, mehr konnte er angeblich nicht herbeischaffen.

Ich blieb vier Tage im Dorf des Uando. Die Waldung der Nachbarschaft war von großartigster Üppigkeit. Ein beispielloser Quellenreichtum ist die Ursache, dass die Bäche das ganze Jahr über fließen. Das Land, dessen Meereshöhe nirgends weniger als 650 Meter beträgt, gleicht einem andauernd gefüllten Schwamm. Die Talsenken und Erdspalten schmücken sich mit der vollen Majestät des Tropenwaldes. Auf den Höhen dagegen bleibt die Zusammensetzung der Pflanzenwelt die gleiche wie seit dem Betreten des Bongolandes: ein offener, parkartiger, großlaubiger Buschwald, der von Steppenstrichen häufig unterbrochen wird. In den Uferwäldern dagegen bilden Bäume mit gewaltigen Stämmen lückenlose Reihen. Man gewahrt Säulengänge, die ägyptischen Tempelhallen ebenbürtig sind und die von aufeinander gelagerten Laubdecken oft dreifach überwölbt werden. Unter den Säulenhallen überall Laubengänge voll murmelnder Quellen und Wasseradern. Die durchschnittliche Höhe des oberen Laubdaches beträgt 25-35 Meter. Auf dem Boden füllen Staudenmassen die Lücken in diesem großartigen Blattgewirr. Die mehrere Meter Höhe erreichenden Staudendickichte der vielen ingwerartigen aromatischen Gewächse versperren mit ihren festen Stängeln dem Wanderer oft den Ausweg oder bedrohen den Eindringling mit Versinken in dem lockern Schlamm von Humus, dem sie entsprießen. Und dazu die wunderbare Farnwelt mit riesig entwickelten Wedeln, etliche mit solchen von fünf Meter Länge. Die Stämme erschienen, wo sie nicht mit Farnen dicht bewachsen waren, in den meisten Fällen von einem dichten Geflecht des kletternden rot beerigen Pfeffers umstrickt. Überall undurchdringliches Grün. Wo schmale Pfade eine Talwand erklimmen, bilden bloßgelegte Baumwurzeln die Stufen. Modernde Stämme, in dichte Moospelze gehüllt, hindern bei jedem Tritt das gemächliche Fortschreiten. Die Luft ist nicht mehr die der sonnenhellen Steppe, nicht die der kühlen Buschlauben, es ist die Treibhausatmosphäre unserer Palmen- und Orchideenhäuser, und bei einer Wärme von 25 bis über 30 Grad Celsius herrscht beständig dumpfe Feuchtigkeit.

Den erhabenen Naturgenuss beeinträchtigt das übermütige Treiben der Insektenwelt, vor allem das erstaunliche Gewimmel von Ameisen der kleinsten Art, die von allen Blättern und Zweigen, die man berührt, wie

Regen über den Eindringling herfallen. Schmetterlinge in Menge, von prächtiger Zeichnung, bilden einen schönen Ersatz für den meist mangelnden oder versteckten Blütenschmuck.

Am 6. März verließen wir den Wohnsitz des Uando, begleitet von Führern, die der Häuptling zur Verfügung gestellt hatte. Bei keinem Weiler der Niamniam fehlten die Pfähle, an denen Jagd- oder Kriegstrophäen befestigt waren. Schädel von Antilopen, Wildschweinen, Schimpansen, aber auch Menschenschädel fanden sich bunt durcheinander an den Pfahlästen aufgespießt. Zahlreiche, unzweideutig für den Hang der Bewohner zur Menschenfresserei sprechende Zeugen traten uns im Verlauf der Wanderung vor Augen. In der Nähe der Wohnstätten, auf den Haufen von Küchenabfällen menschliche Gebeine und Bruchstücke von solchen, mit allen Merkmalen, dass sie mit Messern behandelt worden waren.

Am 7. März hatten wir in drei Stunden nicht weniger als fünf wasserreiche Uferwälder zu durchschreiten. Das Gelände blieb eben und bestand zwischen den Bächen aus völlig offenen Steppenstrichen. Längs diesen Bächen dehnten sich hart am Rand der Uferwaldung bebaute Flächen aus; die weit und breit zerstreuten Weiler verrieten große Fruchtbarkeit und eine außergewöhnlich dichte Bevölkerung. Wir befanden uns jetzt bei den A-Bangba, einem Stamm, der von den Niamniam sehr verschieden war. Diese A-Bangba sollen von jenseits der breiten Grenzwildnis stammen, die die Niamniam von den Mangbattu trennt, denen sie in Tracht und Kriegsrüstung nahestehen. Zum ersten Mal gewahrt man hier eine Abweichung von der Kegelgestalt der Dächer, die dem größten Teil Zentralafrikas eigen ist; hier fanden sich die ersten Horizontaldächer von mehr europäischer Art, die teils offene von Pfosten getragene Schuppen, teils viereckige Häuser mit geschlossenen, senkrechten Wänden deckten.

Die Haltung der Bevölkerung schlug in Feindseligkeit um. Bei einem der zahlreichen Weiler wurde die Karawane mit Drohungen empfangen. Pfeile kamen aus dem Hinterhalt geflogen, Sklavinnen wurden erstochen oder geraubt. Mohammed ließ dafür einen Kornspeicher niederbrennen, veranstaltete Kriegsspiele, drohte auch mit weiteren Zwangsmaßregeln. Dazwischen wurde verhandelt und wurden Schutz- und Trutzbündnisse geschlossen. Die geraubten Weiber wurden zurückgegeben. Aber später, auf dem Rückmarsch, ist es hier zu sehr ernstlichen Feindseligkeiten gekommen.

Größten Eindruck machten meine Zündhölzchen. Immer unersättlicher wurde die Neugierde, die Wunder der Schnellfeuerei zu schauen. Es war ein ganz neues Schauspiel, denn in allen Ländern, die zum Nilgebiet gehören, ebenso in den benachbarten des Uellesystems, verschaffen sich die Eingeborenen Feuer, indem sie zwei Hölzer, das eine senkrecht auf das andere gestellt, durch quirlartiges Reiben mit den Händen entzünden.

12. Das Volk der Niamniam, der »Vielfresser«.

Schon zu einer Zeit, als europäische Reisende noch kaum die Grenzen den vom Islam beherrschten Teils von Innerafrika überschritten hatten, war zu uns die Kunde von einem Volk gelangt, an dessen Namen die mohammedanischen Bewohner des Sudan alle Vorstellungen von Wildheit zu knüpfen pflegten, deren ihre reiche Einbildungskraft fähig war. Den Schleier gelüftet zu haben, war das Verdienst meines Vorgängers Carlo Piaggia, jenes schlichten, unerschrockenen Italieners, der ein volles Jahr allein unter diesem Volk, den Niamniam, auszuharren vermochte. Bald nach ihm führte auch mich ein gütiger Stern in die Mitte dieser »Menschenfresser«.

Der Name »Niamniam« ist der Sprache der Dinka entlehnt; er bedeutet Fresser, Vielfresser und spielt auf den Kannibalismus des Volkes an. Der Name, den sich das Volk selbst gibt, lautet in der Mehrzahl A-Sandeh.

Der Hauptteil des Niamniamlandes liegt zwischen dem 4. und 6. Grad nördlicher Breite; in seiner ganzen von Südost nach Nordwest gerichteten Mittellinie fällt er mit der Wasserscheide zwischen Nil- und Kongobecken zusammen. Auf meinen Wanderungen habe ich ausschließlich den östlichen Teil dieses Gebiets durchzogen, der nach Osten zu vom obersten Lauf des Tondjflusses begrenzt wird. Soweit das Land gegenwärtig bekannt ist, umfasst es in seiner Breite nahezu zwei, in seiner Längenausdehnung etwa sieben Grade, was einem Flächenraum von ungefähr 170000 Quadratkilometern entspricht. Die Einwohnerzahl muss in diesem bekannteren Teil mindestens zwei Millionen betragen.

In jeder Beziehung ein Volk von scharf ausgeprägter Eigenart, sind die Niamniam selbst aus weiter Entfernung sofort unter Hunderten heraus zu erkennen. Lange Haarflechten und Zöpfe – sie haben dabei stets das fein gekräuselte Haar der sogenannten echten Negerrasse –, die bis zum Nabel herabhängen können, bedecken den runden, breiten Kopf. Eine auffällige Größe der mandelförmig geschnittenen, etwas schräg gestellten Augen gibt dem Gesichtsausdruck ein Gemisch von tierischer Wildheit, kriegerischer Entschlossenheit und dann wieder von Offenheit; dazu die gleich lang wie breit geformte Nase, der von sehr breiten Lippen berandete, aber selten die Nasenbreite überragende Mund. Ein rundes Kinn und wohlgewölbte Wangen vervollständigen die Gestaltung des rundlichen Gesichtsumrisses; ein untersetzter, zur Fettbildung neigender Körper ohne scharf ausgeprägte Muskelbildung, der die durchschnittliche Höhe mittelgroßer Europäer nur selten übersteigt, und dessen obere Hälfte unverhältnismäßig länger ist als die untere.

Die Hautfarbe kann am besten mit dem matten Glanz der Tafelschokolade verglichen werden. Als Stammesmerkmal haben alle A-Sandeh drei oder vier mit Punkten ausgefüllte Quadrate entweder auf Stirn, Schläfen oder auf den Wangen tätowiert, ferner stets eine x-förmige Figur unter der Brusthöhle. Verunstaltungen werden weder von Weibern noch von Männern vorgenommen, abgesehen vom Spitzfeilen der Schneidezähne.

Ihre Kleidung besteht meist aus Fellen, die malerisch um die Hüften gelegt werden, dazu wird gern der lange, schwarze Schwanz des Guereza, eines Stummelaffen, getragen. Auf den Haarputz wird, vor allem von den Männern der Niamniam, alle erdenkliche Sorgfalt verwandt. In der Regel teilt der Scheitel in der Mitte das Haupthaar in zwei gleiche Hälften. Über der Stirn nimmt ein feines Zöpfchen seinen Ursprung, das zum Hinterkopf zurückgeschlagen wird. Rechts und links gruppieren sich strahlenartig eine Anzahl von Haarwülsten, die an den Schläfen zu Knäueln zusammengefasst und geknotet sind; von ihnen hängen wiederum kleine lange Zöpfchen, gleich Schnüren geflochten, büschelweise rings um den Nacken herunter. Zwei bis drei der längsten Flechten hängen über die Schulter frei zur Brust herab. Die abenteuerlichste Haartracht, die mir vorgekommen war, nahm ich an Männern aus dem Gebiete des Kifa wahr. Ein strahlenartiges Gebilde, das gleich einem Heiligenschein den Kopf umgab, war aus des Mannes eigenem Haar hergestellt, indem feine Flechten an einem Reifen befestigt und ausgespannt wurden. Dieser Reifen wurde durch vier Drähte an dem untern Rand des Hutes befestigt. Der ganze Strahlenkranz ließ sich zurückschlagen.

Gekünstelter Haarputz eines Niamniam

Nur die Männer trugen eine Kopfbedeckung. Vermittels großer Haarnadeln von Elfenbein, Kupfer oder Eisen wird ein zylindrischer, schirmloser, oben viereckiger Strohhut, den stets ein lang herabflatternder Federbusch ziert, auf dem Scheitel befestigt. Die beliebtesten Zierrate, die am Körper getragen werden, bestehen aus Tier- und Menschenzähnen. Sehr häufig und von prächtigster Wirkung sind die aus Elfenbein nachgemachten Reißzähne des Löwen, die aneinandergereiht einen vom dunkeln Grund der Haut grell abstechenden, blendend weißen Zackenkranz bilden.

Hauptwaffen sind Lanze und Trumbasch, eine der vielen Wurfwaffen der Negervölker. Dieser besteht aus einem mehrschenkeligen Eisen, das mit spitzen Zacken versehen und an den Rändern geschärft ist. Er wird stets an der Innenseite der aus spanischem Rohr geflochtenen Schilde befestigt. Diese sind länglich oval und decken ungefähr zwei Drittel der Körperlänge. Das Geflecht, das stets mit hübschem Muster schwarzweiß geziert wird, wobei die Form des Kreuzes besonders häufig auftritt, ist so leicht, dass es den Kämpfenden bei seinen wilden Sprüngen nicht im

geringsten behindert. Bogen und Pfeile sind nicht allgemein in Gebrauch, wohl aber verschieden große Messer mit sichelartiger Klinge
und geschweifte säbelförmige Gebilde von fremdartiger Gestalt.

Bei den Niamniam gebräuchliche Formen des Trumbasch

Wenn der Niamniam im seltsamen Waffenschmuck mit herausfordern-
dem Gebaren dem Fremden entgegentritt, wenn er dabei die Augen weit
aufreißt, die dicken Brauen furcht und die blendende Reihe spitzer Kro-
kodilzähne hervorleuchten lässt, begreifen wir leicht den tiefen Eindruck, den jede Begegnung auf das einbildungskräftige Gemüt des Nu-
biers und Sudanarabers hervorzurufen vermag. Nirgends kam mir ein
Volk in Afrika vor Augen, das in allen Stellungen, im Gang wie in der
Körperhaltung, so deutlich seine Vertrautheit mit Krieg und Jagd an den
Tag gelegt hätte.

Junge Niamniam in Kriegsrüstung

Die Männer sind Jäger von Beruf; der Ackerbau wird nur von den Frauen besorgt. Die Art der Bodenbestellung nähert sich dem Urzustand, dem Gartenbau. Dazu bietet das Land an freien Hilfsmitteln eine große Menge, namentlich was tierische und pflanzliche Fette anlangt. Hauptsächlich gilt der Anbau einer Getreideart, der Eleusine coracana. Es ist ein minderwertiges Korn, das hier im allgemeinen nur auf einem Boden gebaut wird, der anders nicht zu verwerten ist. Die aus dem Mehl hergestellten Brotfladen sind nicht besonders wohlschmeckend. Dagegen verdient das von den Niamniam daraus bereitete Getränk Bier genannt zu werden. Es wird aus dem regelrecht gemalzten Korn gebraut, ist ganz klar und hat eine angenehme Bitterkeit. In wie hohem Grad die Niamniam dem Biergenuss ergeben sind, geht aus der Art hervor, wie sie ihre Kornvorräte aufbewahren. Auf jedes Wohnhaus kommen in der Regel drei Kornspeicher, nur zwei enthalten das zur Mehlkost erforderliche Getreide, der dritte ist ausschließlich mit gemalztem Korn angefüllt. Mit geringer Mühe werden als Erdfrüchte Maniok, süße Bataten, Yams und Colocasien angebaut, alle von vorzüglicher Beschaffenheit. Tabak ist überall in Gebrauch. Die Niamniam rauchen aus kurz gestielten Tonpfeifen von eigentümlicher Gestalt, ohne Verwendung von Rohr.

Hornvieh jeher Art fehlt. Die einzigen Haustiere sind Hühner und Hunde. Hundefleisch bildet einen ihrer vorzüglichsten Leckerbissen. Ziegen und Kühe sind meist nur vom Hörensagen bekannt, zuweilen erbeuten sie solche auf ihren Raubzügen gegen die örtlichen Nachbarn.

Im allgemeinen sind die Niamniam in der Auswahl des Essbaren wenig wählerisch. Das beste und schmackhafteste Gericht ist der Brei von frischem Maiskorn, das in noch saftigem milchendem Zustand auf dem Mahlstein fein gerieben, von der Kleie gereinigt und dann verkocht wird. Fleischkost gilt ihnen als der höchste aller irdischen Genüsse, und Fleisch, Fleisch ist das Losungswort, das bei ihren Kriegszügen erschallt. Da der Wildreichtum ein außerordentlicher ist, kann man sich leicht vorstellen, wie die Sorge um Jagdvorbereitungen aller Art ihr Dichten und Trachten beherrscht.

Den Ruf der Menschenfresserei wird niemand in Frage stellen wollen, der sich über den Ursprung eines großen Teils meiner Schädelsammlung unterrichten will. Zwar gibt es Ausnahmen. So erfuhr ich von verschiedenen, die im Niamniamgebiet westlicher als ich gewesen waren, dass sie dort auf keinerlei Anzeichen von Kannibalismus gestoßen seien. Piaggia war nur einmal Zeuge, dass das Fleisch der erschlagenen Feinde verspeist wurde, doch nur aus Hass und Blutgier. Ich kann auch Häuptlinge nennen, die selbst den Genuss von Menschenfleisch verabscheuen, z. B. Uando. Im großen und ganzen aber darf man getrost die Niamniam als ein Volk von Menschenfressern bezeichnen; viele frönen dem Kannibalismus ohne Scheu, um jeden Preis und unter jeder Bedingung. Sie rühmen sich selbst ihrer wilden Gier, tragen die Zähne der Verspeisten, auf Schnüre gereiht, wie Glasperlen am Hals und schmücken die Pfähle bei den Wohnungen mit Schädeln ihrer Opfer. Am häufigsten wird das Fett von Menschen verwertet. Dem Genuss ansehnlicher Mengen davon schreiben sie allgemein eine berauschende Wirkung zu. Verspeist werden im Krieg Leute jeden Alters, die alten, weil fett und weil bei Überfällen ihre Hilflosigkeit sie zu einer leichten Beute des Siegers werden lässt, häufiger als die jungen. Verspeist werden auch Leute, die eines plötzlichen Todes starben und ohne Familie dastehen. Die Nubier wollen sogar wissen, dass hie und da Träger, die unterwegs gestorben und verscharrt waren, aus ihren Gräbern geholt worden sind. Einige der Niamniam wiederum beteuerten, dass bei ihnen zu Hause das Menschenfressen in so hohem Grad verabscheut werde, dass jeder sich weigere, mit einem Kannibalen aus einer Schüssel zu essen.

Von allen bekannten Völkern Afrikas, deren Kannibalismus feststeht, scheinen die Fan (oder Pongue) an der äquatorialen Westküste in mehr als einer Hinsicht den Niamniam stammverwandt zu sein. Auch sie feilen die Schneidezähne spitz, tragen Rindenzeuge und färben sich den Körper mit Rotholz; ihre Häuptlinge bedienen sich des fürstlichen Leopardenfells, sie verwenden ebenso viel Mühe und Fleiß auf ihren zopfreichen Haarputz. Von ihren Gebräuchen dürften die Tanzfeste und nächtlichen Orgien beim ersten Mondviertel am meisten an die der Niamniam erinnern.

Dörfer oder gar Städte in unserm Sinne gibt es nirgends. Die zu kleinen Weilern gruppierten Hütten sind weithin über das bebaute Land zerstreut. Auch der Wohnsitz oder Mbanga, der Hof eines Fürsten besteht nur aus einer größeren Anzahl der von ihm und seinen Weibern bewohnten Hütten, die sich durch nichts von den Behausungen der übrigen Sterblichen auszeichnen. Die Bauart der Hütten entspricht im östlichen Teil des Landes im allgemeinen der Kegelform, wie sie in andern Gegenden Zentralafrikas üblich ist, nur hat das Kegeldach eine höhere und spitzere Gestaltung als bei den Hütten der Bongo und Dinka; der Dachrand springt unten waagerecht als Schutz gegen den Regen ziemlich weit über die Tonmauer vor. Dieser Teil des Dachs wird von Pfosten getragen, die das Bauwerk in Gestalt eines niederen Vorbaus umgeben. Die Spitzen der Kegeldächer laufen häufig in zierliches Flechtwerk aus Stroh aus, bei andern in Stangen, auf die große Gehäuse von Landschnecken aufgespießt sind. Nicht selten kann man die ersten Versuche farbiger Verzierung in Rot und Schwarz beobachten. Eigentümlich geformte, zierliche kleine Hütten mit, glockenförmigem Dach, die auf einem becherförmigen Unterbau von Ton errichtet sind und zu deren Innerem eine ganz kleine Öffnung führt, werden eigens für die halbwüchsigen Knaben der Vornehmen errichtet, die in ihnen die Nacht zu verbringen haben. Dies geschieht aus Gründen der Moral, um den Knaben von einem vorzeitigen Eindringen in die Geheimnisse des Ehelebens fernzuhalten.

Ein Wohnsitz der Niamniam

Ein Wohnsitz der Niamniam

Die Macht eines souveränen Fürsten beschränkt sich auf den Oberbefehl über alle waffenfähigen Männer, die er beliebig versammelt, und auf die eigenhändige Vollstreckung von Todesurteilen. An Abgaben erhebt der Fürst außer Elfenbein, das ihm ausschließlich zufällt, nur die Hälfte des Fleisches von der Beute der gemeinschaftlichen Jagd. In den westlichen Landesteilen, wo auf Kosten unterdrückter Sklavenstämme der Handel mit Knaben und Mädchen blüht, wird ein Teil der Abgaben auch durch eine Art Aushebung eingetrieben. Die Eltern der eingeforderten Kinder erhalten indes häufig einen Teil des Kaufpreises, den die Sklavenhändler aus Darfur bezahlen. Korn und andere Bodenerzeugnisse gewinnt der Fürst selbst von den Feldern, die seine Sklaven, nicht selten seine Weiber, bestellen, deren er eine große Zahl um sich zu scharen pflegt. Ein Haufen Begleiter umgibt stets den Häuptling. Kein Untergebener würde es sich einfallen lassen, auf eigene Hand Krieg zu beginnen oder Frieden zu schließen.

Die herrische Haltung beim Gang gibt den Niamniamfürsten große äußerliche Würde. Viele von ihnen könnten an würdevollem Auftreten mit allen Fürsten der Erde wetteifern. Um so unerklärlicher erscheint das wütende Gebaren, mit dem sie Furcht und Schrecken zu verbreiten suchen. Von einigen wird behauptet, dass sie an Wutanfällen leiden, ja, dass sie solche absichtlich vortäuschen. Durch willkürlich aus der Menge herausgerissene Opfer, denen sie mit eigener Hand die Schlinge um den Hals werfen und denen sie dann mit dem hakigen Säbelmesser einen tödlichen Streich in den Nacken versetzen, wollen sie angeblich dem Volk einen Beweis ihrer Macht beibringen.

Nach dem Tod des Fürsten ist der erstgeborene Sohn der Erbe seiner Macht; die Brüder werden mit einzelnen Bezirken belehnt. Die Herrschergewalt des Erstgeborenen wird aber von seinen Brüdern oft nicht anerkannt. Hieraus erklären sich die unaufhörlichen Streitigkeiten, Überfälle und Gewalttätigkeiten. Von den 35 selbstständigen mir aufgezählten Häuptlingen verdienen eigentlich nur wenige die Bezeichnung König.

Bei dem kriegerischen Geist der Niamniam ist die Sitte auffällig, dass ein Häuptling nie selbst in den Kampf zu gehen pflegt, sondern nahe der Mbanga ausharrt, um bei einem ungünstigen Ausgang mit seinen Frauen und Schätzen das Weite suchen zu können. Im Kampf werden die Lanzenangriffe stets von wildestem Kriegsgeschrei begleitet. Bei Pausen im Gefecht ersteigt man in sicherer Entfernung alle sich darbietenden erhöhten Punkte. Vorzüglich sind es die festen, drei bis fünf Meter hohen Termitenhaufen, von denen aus feindliche Parteien sich oft stundenlang die lächerlichsten Schimpfreden zurufen. Als wir an der Südgrenze des Gebiets von Uando uns in einem Verhau zu verteidigen hatten, hörte man solche Rufe stündlich. »Alle Türken«, so nennen sie die Nubier, »sollen umkommen!« schrien sie. »In den Kochtopf mit den Türken! Fleisch! Fleisch!« Und dann wiederholten sie die Versicherung, dass mir selbst kein Leid zugefügt werden solle. Ich brauche kaum zu erwähnen, dass ich wenig Neigung verspürte, mich ihrer Großmut anzuvertrauen.

Ich will noch die symbolischer Art erwähnen, in der uns der Krieg erklärt wurde, als wir die Grenzen des Gebiets von Uando wieder betraten. Hart am Pfad fanden wir an einem Ast drei Gegenstände aufgehängt, einen Maiskolben, eine Hühnerfeder und einen Pfeil. Ich wurde lebhaft an die herausfordernde Botschaft erinnert, die dem Perserkönig Darius zuging, als er 513 vor Christus bis zum Herzen des Skythenlandes vorgedrungen war, vor mehr als 2000 Jahren hat Herodot darüber berichtet. Bald erhielt ich die Bestätigung in den Erklärungen unseres Führers: »Lasst ihr's euch einfallen, auch nur einen Maiskolben zu knicken oder ein Huhn zu greifen, so werdet ihr durch diesen Pfeil sterben.« Indes waren die Niamniam nicht so geduldig, das erstere abzuwarten, sondern machten noch am nämlichen Tag einen verräterischen Überfall.

Bei jeder Weilergruppe befindet sich eine große Holzpauke oder Sprechtrommel, die aus einem hohlen Baumstamm hergestellt ist und auf vier Füßen ruht. Mit zwei Tönen werden, je nachdem man sie wiederholt und je nach dem Takt, in dem man sie wechseln lässt, dreierlei Signale gegeben: 1. zu Krieg, 2. auf Jagd, 3. zur Festversammlung. Von der Mbanga des Häuptlings ausgehend, werden in wenigen Augenblicken die Signale auf allen Pauken eines Bezirks wiederholt und in kürzester Frist Tausende bewaffneter Männer zusammengeschart. Das Alarmieren geschieht vor allem, wenn sich Elefanten gezeigt haben, zu deren Vernichtung die dichtesten Steppen eigens geschont und vor Steppenbrand behütet werden. Dahinein treibt man die Tiere und umstellt den ganzen Bezirk mit Leuten, die Feuerbrände mitführen; der Brand beginnt auf allen Seiten, bis die Elefanten eine wehrlose Beute werden und ihnen durch Lanzenwürfe der Rest gegeben werden kann. Da hierbei auch Weibchen und Junge zugrunde gehen, muss die Ausrottung dieses edeln Tieres von Jahr zu Jahr fortschreiten. Die Häuptlinge, deren Gewinnsucht durch die Züge der Nubier erregt wird, verdoppeln ihre Anstrengungen bei der Elefantenjagd, während ihre Untergebenen, lüstern nach den großen Fleischvorräten, das ihrige dazu tun.

Die Kunstfertigkeit der Niamniam erstreckt sich auf Eisenarbeiten, Töpferei, Holzschnitzerei, Hausbau und Korbflechterei. Ihre irdenen, handgeformten Gefäße sind fast immer von tadelloser Regelmäßigkeit. Wasserkrüge von enormer Größe werden hergestellt, aber auch die zierlichsten Trinkkrüge; ebenso verwenden sie auf die kunstvolle Verzierung ihrer Tabakspfeifen viel Sorgfalt. Aus weichem Holz schnitzen sie Schemel und Bänke, große Schüsseln und Näpfe, die, obgleich stets aus einem Stück gefertigt, in der verwickelten Formengebung des Fußgestells eine unendliche Verschiedenheit an den Tag legen.

Da Lanzen, Trumbasch und Dolchmesser zur Ausrüstung eines jeden gehören, beschäftigt die Herstellung dieser Waffen eine große Anzahl von Schmieden, die sich den Rang abzugewinnen suchen. Die Speere und Lanzenspitzen gleichen vergrößerten Pfeilspitzen. Alle Waffen haben ihr nationales Gepräge, und man kann beim Betrachten eines jeden einzelnen Stücks mit Sicherheit über die Herkunft urteilen. Alle Wurfspieß- und Lanzenspitzen, Messer und Klingen tragen Blutrinnen.

Stets reicht man sich zum Gruß die rechte Hand. Man winkt sich zu, indem man die Hand von oben nach unten bewegt, wie von Neapel an bis zum äußersten Osten Asiens hin sich alle Völker anzuwinken pflegen, indem sie eine nach unsern Begriffen abwehrende Handbewegung ausführen. Frauen werden von fremden Männern nicht begrüßt. Während die Bongofrauen zutraulich sind wie die Männer, die Mangbattufrauen sogar im höchsten Grad naseweis und zudringlich-neugierig, weicht eine

Niamniamfrau, der man auf engem Pfad begegnet, von weitem bereits vom Weg ab: Dies rührt von der mehr sklavischen Stellung des Niamniamweibes her.

Das Freien um Weiber wird durch keine Brautschatzforderung erschwert, die der Vater der Braut stellt. Will jemand heiraten, so wendet er sich in der Regel an den Fürsten oder an einen der Unterhäuptlinge. Trotz der unbeschränkten Vielweiberei büßt die Ehe nichts von der Strenge ihrer Verpflichtungen ein. Untreue wird häufig mit sofortigem Tod bestraft. Liederliche Personen, »Nsangah«, rekrutieren sich großenteils aus kinderlos gebliebenen Frauen, die von ihren Männern weggejagt wurden. Mutter vieler Kinder zu sein, ist die größte Ehre. Besondere Festlichkeiten beim Eingehen einer Ehe fehlen; nur der Brautzug verdient erwähnt zu werden, eine Art Prozession, die unter Begleitung des Häuptlings und von Musikern, Spaßmachern und Sängern die Braut in das Haus ihres zukünftigen Herrn führt. Dann gibt es noch einen gemeinschaftlichen Schmaus. Für gewöhnlich pflegen nämlich die Frauen allein für sich in ihren Hütten zu essen. Die Hauptbeschäftigung des Weibes besteht – da die Kinderwartung unter diesem glücklichen Himmel geringe Sorge macht – außer der Pflege des Ackers in der Zubereitung der Speisen und im Schminken und Frisieren des Mannes. Säuglinge werden von ihren Müttern in schärpenartigen Binden getragen.

Erstaunlich ist die Ausdauer, mit der sie sich ihrem musikalischen Vergnügen hingeben. Das Saiteninstrument ist ein Mittelding zwischen Harfe und Mandoline. Der nach allen Regeln der Akustik gebaute Resonanzboden ist aus Holz geschnitzt und oben mit einem Stück Haut überspannt, das zwei Schallöcher hat. Die Saiten bestehen aus feinen Bastfäden und aus dicken, drahtartigen Haaren des Giraffenschwanzes. Ein weinerliches Rezitativ begleitet das ewige Einerlei der Akkorde, aus denen man kaum eine bestimmte Melodie heraushören kann. Auch findet man Sänger und Musiker von Beruf, die in abenteuerlichen Federputz den Fremden entgegentreten. Sie feiern Erlebnisse und Wanderungen des Bewillkommten in schwungvollem Lied, um schließlich seine Freigebigkeit herauszustreichen: »Ringe, Kupfer und Perlen sind mein Lohn!« »Minnesänger« nennt sie die Fantasie mancher Afrikareisender, aber richtiger belegt sie der Araber des Sudan mit den Sammelnamen »Haschasch«, Spaßmacher.

Ein Sänger der Niamniam

Die Sprache der Niamniam gehört mit den übrigen des Bahr-el-Ghasal-Gebiets dem großen afrikanischen Sprachstamm nördlich vom Äquator an, speziell der nubisch-libyschen Gruppe. Zur Bezeichnung der Gottheit bedienen sich manche Dolmetscher des Wortes »Gumba«, das zugleich

Blitz bedeutet. Das Beten der Nubier nennen die Niamniam »borru«; ihr eigenes »borru« ist indes nur ein Mittel, um sich vor wichtigen Unternehmungen bei den unsichtbaren Schicksalsmächten Rat zu holen. Man benetzt eine glatte Holzfläche mit Wasser, dann nimmt man einen ebenfalls glatt abgestutzten Pflock fest in die Faust und fährt mit ihm auf dem Brett hin und her. Rutscht der Pflock leicht hin und her, so ist dem Unternehmen das Glück sicher; wenn beide Hölzer fest aneinanderhaften, so gilt das als böse Vorbedeutung. Diese Hölzer verbergen die Niamniam sorgfältig vor den Augen der Mohammedaner; sie spielten eine große Rolle zur Zeit unseres Kriegs mit ihnen, als meine eigenen Niamniam unser Schicksal zu befragen sich anschickten. Das Ergebnis, das für meine Person erzielt wurde, trug nicht wenig dazu bei, meine Umgebung mit großem Vertrauen in mein Glück zu erfüllen.

Von noch größerer Bedeutung ist das Wahrsagen vermittels eines Huhns. Dem Huhn wird ein Fetischtrank beigebracht; er besteht aus einer roten Brühe, die durch den Absud des Holzes eines 20 Meter hohen Baumes gewonnen wird. Der Tod des Huhns bedeutet Unglück im Krieg und Lebensgefahr; bleibt es am Leben, so bedeutet es Sieg. In andern Fällen nimmt man einen Hahn, packt ihn am Hals und duckt seinen Kopf unter Wasser; nach einiger Zeit lässt man ihn wieder los. Kommt er zu sich, so ist es ein Glück bedeutendes, im andern Fall ein unheilvolles Zeichen. Unerschütterlich ist der Glaube an die Zuverlässigkeit einer solchen Schicksalserforschung. Uanbo z. B., unser Widersacher, griff unsere Karawane selbst nicht an, obgleich er bereits zwei Bezirke zu offenen Feindseligkeiten angefeuert hatte, nur weil sein Huhn bei dem obigen Versuch getötet worden war. Die zu uns haltenden Niamniam behaupteten steif und fest, dass wir nur durch den Tod des Huhns vor unserm Untergang gerettet worden seien. Auch Hexen werden einem solchen Gottesurteil ausgesetzt. Böse Geister und Waldkobolde spielen bei den Niamniam eine große Rolle. Immer ist es der Wald, in dessen Dunkel die Sitze der dem Menschen feindlichen Mächte verlegt werden.

Der Trauer um den Verlust eines Angehörigen gibt der Niamniam dadurch Ausdruck, dass er sich das Haar schert und seinen kostbaren Haarputz rücksichtslos zerstört. Die abgeschnittenen Zöpfe und Flechten streut man weithin aus. Der Körper des Toten wird mit Fellen und Federn festlich geputzt und mit Rotholzpulver eingerieben. Vornehme werden auf dem von ihnen getragenen Schurz gebettet und dann beigesetzt, auf ihren Bänken sitzend oder in einem ausgehöhlten Baumstamm sargartig verschlossen. Man schüttet Erde nicht unmittelbar auf den Begrabenen, sondern stellt vermittels eines Holzverschlags eine seitliche Kammer her, in deren Hohlraum die Leiche gestellt wird, ohne von der Erde berührt zu werden, genau wie es die Vorschriften des Islam erheischen. Auch die Niamniam beobachten bei der Beisetzung ihrer Toten die Himmelsrichtung, nur in anderer Weise als die Bongo: die Männer werden mit dem Gesicht nach Osten, die Weiber westwärts gekehrt bestattet. Über der aus festgestampftem Ton geformten Grabdecke errichtet man eine Hütte, die sich durch nichts von den Behausungen der Lebenden unterscheidet; vernachlässigt und vereinsamt, ist sie dem Untergang durch Steppenbrand, Termitenfraß und Fäulnis preisgegeben.

13. Der rätselhafte Strom.

Am 13. März begann der ungemütliche Marsch durch die Grenzwildnis, die uns von dem Mohammed befreundeten Land der Mangbattu trennte. Bald bot die Gegend ein ganz anderes Aussehen dar als das bisher durchzogene, wasser- und waldreiche Land. Die sich unregelmäßig durch die Steppenfläche hinschlängelnden Sumpf- und Wiesengewässer waren ohne Uferwaldung und nur von ingwerartigen Staudendickichten umsäumt. Die Gewässer mussten an Stellen durchwatet werden, die von wilden Büffelherden tief ausgetreten und zerstampft waren. Der schwarze Schlamm reichte oft bis an den Hals, während unter den Füßen der Grund ins Bodenlose zu weichen schien. Zu allem Überfluss gebot ein Unwetter Halt. Das Menschengetümmel, die allgemeine grenzenlose Verwirrung dazu, die zuckenden Blitze eines großartigen Tropengewitters hätten den schönsten Vorwurf zu einem Gemälde der Sintflut abgeben können. In der Morgendämmerung wurde nach verkürzter Nachtruhe mit leerem Magen das Schlammbad fortgesetzt. Schwimmkundige Bongo mussten eine gegen das gänzliche Versinken schützende Decke über die tiefsten Sumpfstellen legen, indem sie große Grasmassen und ausgeraufte Stauden ins Wasser warfen. Später führte wieder der Weg durch Buschwald und Galeriewälder, wie die hochstämmigen Uferwälder dieser Gebiete nach ihrer Erscheinung genannt werden. Es sind Laubengänge großen Stils, die von hier an nach Süden in noch großartigerer Gestaltung auftreten. Unter großer Mühe wurde der Grenzbach überschritten, und endlich winkten aus tiefstem Grün die idyllischen Behausungen der Mangbattu gastlich entgegen. Der Empfang bei den Häuptlingen war freundlich. Eine große Schießerei, die mich zunächst in lebhafte Unruhe versetzte, stellte sich als harmlose Begrüßung der Karawane einer andern Elfenbeingesellschaft heraus, die von Tuhami, dem Oberschreiber des Generalgouverneurs in Chartum, gegründet worden war.

Am 19. März hatten wir mein heiß ersehntes Ziel, den Uellestrom, erreicht, der seine trüben, bräunlich schimmernden Fluten zwischen hohen Uferwänden majestätisch gen Westen wälzte. Dies war also der rätselhafte Fluss, auf den ich infolge der Erzählungen der Nubier bereits seit dem Aufbruch von Chartum aufs höchste gespannt war. Wer eine Ahnung hat von der unklaren Darstellungsweise der arabisch sprechenden Völker, wenn es sich um Stromläufe und Stromrichtungen handelt, der wird die Spannung begreifen, mit der ich einen Durchblick nach dem großen Wasser zu gewinnen suchte. Auf dem nächsten Weg brach ich mir durch das Ufergebüsch Bahn nach dem mächtigen Strom. Sein Rauschen, das durch die Felsbänke in seinem Bett verursacht wurde, war bereits eine Zeit lang zu meinen Ohren gedrungen. Floß das Wasser nach Osten, so war das Rätsel der Wasserfülle des Mwutan, des 1864 von Baker entdeckten Albertsees, eines der Quellbecken des Nil, gelöst. Floß es aber nach Westen, dann konnte es nicht mehr zum Nilsystem gehören. Es strömte nach Westen, das große Wasser, und es gehörte darum nicht mehr zum Nil! Der neu entdeckte Strom war hier 400 Kilometer von der Nordostecke des Mwutan entfernt, und bei all den vielen Stromschnellen, die er bereits hinter sich gelassen, immer noch in einer Meereshöhe gleich der des Sees oder sie übertreffend.

In den beiden ersten Ausgaben von »Im Herzen von Afrika« ist die Zugehörigkeit des Uelle zum Nilsystem entschieden abgelehnt worden, seine Zugehörigkeit zum System des Kongo war damals nicht nachzuweisen gewesen. Ich hielt den Uelle für den Oberlauf des in das Binnengewässer des Tschadsees mündenden Schari, erwog auch die Möglichkeit, dass er zu dem durch den Niger in den Atlantischen Ozean entwässernden Benue gehören könnte. Das Hauptverdienst um die endgültige Lösung des Uelleproblems gebührt Dr. Wilhelm Junker, der zehn Jahre nach mir den ostwestlichen Lauf des Stromes auf eine Strecke von nahezu 540 Kilometer festzulegen vermochte. Der Anschluss der weit ausholenden Entdeckungen Junkers an diejenigen, die sich in der entgegengesetzten Richtung vom Kongo her stromaufwärts vollzogen, wurde zunächst durch die Entdeckung und Befahrung seines größten Nebenflusses, des Ubangi, durch den Amerikaner Grenfell ermöglicht. Dann kam der Belgier Van Gèle, der den Makua genannten Oberlauf 1888 weiter verfolgte und im Juli 1890 bis Bangasso vordrang. Dieser Ort ist nur 26 Kilometer von Junkers westlichstem Punkt entfernt. Gleichfalls im Jahre 1890 gelangte Becker über Land reisend vom Aruwimi her an den Makua-Uelle.

Der Uelle erinnert an meiner Übergangsstelle auffallend an den Blauen Nil bei Chartum. Er hatte hier eine Breite von 250 Metern. Die Wassertiefe betrug nirgends unter vier Meter; die Uferwände überragten um sieben Meter die Wasserfläche.

Ein Überschwemmungsgebiet fehlte hier wie an den weiter oberhalb überschritten Teilen des dort Kibali genannten Hauptflusses, und das Land senkte sich gegen 35 Meter in ziemlich steiler Neigung zum Wald umgürteten eigentlichen Flussufer hinab.

Die Stromgeschwindigkeit betrug am nördlichen Ufer zwischen 17 und 19 Meter in der Minute. Die in der Sekunde fortbewegte Wassermasse mochte jetzt über 300 Kubikmeter betragen; bei ihrem höchsten Stand musste sie, wenn die Geschwindigkeit dieselbe blieb, fast das Dreifache sein. Der Uelle entsteht kurz oberhalb dieser Stelle aus der Vereinigung des Gadda und des Kibali.

Die Übergangsstelle des 19. März lag nach der an Ort und Stelle flüchtig ausgerechneten Ablesung meiner Aneroide in 700 Meter Meereshöhe. Der Uelle hatte alle Merkmale eines Gebirgsflusses, wenigstens eines solchen, dessen Quellen sich in nicht zu großer Entfernung von unserm Übergangspunkt befinden konnten.

Es war nicht leicht, die Karawane über den großen Fluss zu schaffen. Diese Arbeit wurde aber durch die von Munsa, dem »König« der Mangbattu, uns gestellten Fährleute so rasch gefördert, dass in drei Stunden der letzte Mann auf das südliche Ufer übergesetzt war. Dies geschah in großen Booten, die aus einem Baumstamm gehauen waren und alles bisher Gesehene an Festigkeit und Formvollendung übertrafen. Einige von ihnen hatten bei zehn Meter Länge eineindrittel Meter Breite, Infolge ihrer Größe war beim Einsteigen nicht das geringste Schwanken zu bemerken. An beiden Enden liefen die Boote in lange horizontale Schnäbel aus, und die Bordränder waren mit Schnitzwerk verziert.

14. Beim König der Mangbattu.

Nur noch durch eine kurze Wegstrecke vom Ziel der diesjährigen Reise getrennt, machten wir einen Rasttag, um uns für den folgenden Tag zum Einzug in die Residenz König Munsas vorzubereiten. Eine überraschend neue Welt umgab mich in diesem fernsten Erdwinkel, der gleich weit vom Indischen Ozean und den atlantischen Küsten lag, im innersten Zentralkern von Afrika. Neu erschien hier alles: die hellfarbige Rasse der Eingeborenen, ihre seltsame Tracht, ihre kunstfertigen Geräte, der behäbige Wohlstand ihrer zierlichen Behausungen, schließlich der wilde großartige Pomp des Königs waren in der Tat meines Staunens wert, und eine Überraschung harrte meiner nach der andern. Dazu gesellte sich noch eine überwältigende Fülle neuer, nie gesehener Gewächse und die ungeahnte Fremdartigkeit der Pflanzungen, in denen die Banane, das Zuckerrohr und die Ölpalme überall verbreitet waren. Hier befand ich mich im Mittelpunkt Afrikas, der mit all dem Zauber meiner frühesten Jugendträume ausgestattet schien.

Ein schöner Spaziergang vollendete am letzten Tag unsere lange Wanderung. Bis wir die letzten 20 Kilometer zurückgelegt hatten, die uns noch von dem Wohnsitz Munsas trennten, führte der Pfad durch eine paradiesische Landschaft. Wir durchzogen die endlosen Bananenpflanzungen, die, vermischt mit bezaubernden Hainen der Ölpalme, das ganze Land zu einem ununterbrochenen Garten machten. Die Ölpalme, deren Stämme von oben bis unten von Farnkräutern und Schlinggewächsen überwuchert waren, stellten alle Pracht eines ägyptischen Dattelpalmenhains weit in den Schatten. Eine köstlich erquickende, würzige Luft strich durch die Landschaft; überall war Wasser und kühlender Schatten zu finden. Vor den Häusern der Eingeborenen prangten riesige Feigenbäume, deren dichte Kronen kein Sonnenstrahl je durchdrang. Dann ging es wieder durch dichte Dschungeln, über Bäche und durch Galeriewälder bergauf bergab in beständig ansteigender Hügellandschaft. Wir überschritten vom Uelle an allein zwölf solcher Bäche. Der Weg war mit nur geringen Unterbrechungen auf beiden Seiten von den idyllischen Wohnungen der Mangbattu umsäumt. Vor den Türen standen die Bewohner und boten uns die köstlichen Früchte aus ihren paradiesischen Gärten zum Willkommen.

Endlich winkten aus tiefem Grün die Palasthallen des Königs schon von weitem den Wandernden entgegen, und wir gelangten zu einer ausgedehnten Talsenkung, in deren Mitte ein spiegelklarer Bach murmelnd sich hinschlängelte. Uns gegenüber zeigte sich ein weit gedehnter grasfreier Abhang, auf dem die wohlgesäuberte dunkelrote Erde mit vielen Reihen der zierlichsten Hütten bedeckt war. Dahinter erhoben sich, alles übrige weit überragend, bahnhofähnliche Schuppen in einer Höhe und Breite, wie ich sie seit Kairo nicht wiedergesehen; sie verrieten mir sofort den Wohnsitz des Königs Munsa.

Es wurde Halt kommandiert, und in einer Stunde war unser großes Feldlager aufgeschlagen. Nicht lange währte es, und von allen Seiten strömten Scharen schaulustiger Eingeborener herbei. Ich entzog mich diesmal im geschlossenen Zelt ihrer Zudringlichkeit. Ich war müde, vor versammeltem Volk meine Kopfbedeckung zu lüften, um zu zeigen, dass das lange, schlichte Haar wirklich mein eigenes sei, oder meine Brust zu entblößen, um ihre blendende Weiße bewundern zu lassen. Dabei verging ich im Zelt vor Hitze. Rundherum saßen die Vornehmen der Mangbattu in gespannter Erwartung, aber ich nahm mich zusammen, brauchte ich doch noch Kraft genug für den folgenden Tag, um vor Munsa selbst das Wunder meiner Existenz an den Tag zu legen.

Munsa hatte die Ankunft der Chartumer mit Ungeduld erwartet; hoch aufgestapelt lagerte in seinen Speichern das Elfenbein. Munsa war Mohammeds Freund, sie hatten von ihrem Blut miteinander getrunken und nannten sich Brüder.

Mohammed war bei allen Eingeborenen unter dem Namen des »Mbali«, des »Kleinen«, bekannt und im Verkehr mit ihnen die Gemütlichkeit selbst. Gern weilte er hinter gefüllten Bierkrügen an der Seite seines heidnischen Blutsfreundes und wenn er umgürtet mit dem volkstümlichen Rokko der Mangbattu, dem Kleid aus der Rinde des Feigenbaums, und mit dem roten Federbusch auf dem Haupt sich sehen ließ, gewann er die Herzen aller.

Mohammed hatte nach unserm Eintreffen nichts Eiligeres zu tun gehabt, als sich zum König zu begeben. Unter den mitgenommenen Geschenken spielte eine Auswahl großer Kupferschüsseln die Hauptrolle, die ihre Kraft als Tonwerkzeuge beweisen sollten. Erst spät am Abend kehrte Mohammed in das große Lagerdorf zurück. Hörner- und Paukenschall begleiteten seine Schritte, und mit staunenswerter Schnelligkeit häuften sich große Proviantvorräte an, auf Befehl des Königs von Tausenden herbeigetragen. Mir selbst war ein feierlicher Empfang für den folgenden Morgen zugestanden.

Andern Tags, am 22. März 1870, wurde mir die Botschaft übermittelt, ich möchte hinüberkommen. Mohammeds schwarze Leibgarde und die Musikanten waren mir entgegengeschickt worden.

Schnell warf ich mich in ein feierliches Schwarz und zog die schwer beschlagenen hohen Schnürstiefel eines Bergsteigers an. Drei schwarze Knappen trugen mir Büchsen und Revolver nach; ein vierter den unvermeidlichen Rohrstuhl. Mit erwartungsvoller Schweigsamkeit folgten meine Chartumer Diener, angetan mit weißen Festgewändern, die Geschenke für den König in den Händen. Als wir die Bachniederung erreicht hatten, fanden wir die sumpfigen Uferstellen mit frisch gefällten Baumstämmen belegt und große Balken als Brücken über das Wasser geworfen. Wie wir uns den ersten Hütten näherten, begann das Trommeln und Trompeten wurden geblasen. Das Volk ließ einen schmalen Durchgang frei. An der zweitgrößten der königlichen Palasthallen, die, einem Schuppen gleich, an beiden Giebelseiten offen war, harrte einer der Beamten meiner. Schweigend geleitete er mich ins Innere an Hunderten von Trabanten und Vornehmen vorbei, die im vollen Waffenschmuck auf zierlichen Bänken dasaßen, in Reih und Glied geordnet nach Rang und Würden.

Am entgegengesetzten Ende der Halle stand die Thronbank des Königs, darunter eine Fußmatte. Hinter der Bank war eine mächtige Lehne aufgestellt, die auf drei Füßen ruhte; am oberen Ende lief sie in zwei Arme aus, die dazu dienten, um nach Belieben Rücken und Arme zu stützen. Die Lehne war über und über mit kupfernen Ringen und Nägeln beschlagen. Einige Schritte zur Seite der Thronbank ließ ich meinen Stuhl hinstellen und nahm Platz, meine Leute hockten oder stellten sich hinter mich, und die nubischen Soldaten bildeten um den freien Platz eine Art Spalier. Die Halle hatte 35 Meter Länge, 13 Meter Höhe und 16 Meter Breite. Alles Holzwerk schien glänzend braun poliert und wie frisch gefirnisst, es war aber nur die natürliche Farbe der Palmrippen. Das in einem breit abgerundeten Spitzbogen kühn gewölbte Dach ruhte auf drei Reihen sehr schmaler Pfosten. Die Rippen und Sparren des Dachstuhls sowie alle übrigen Bauteile waren aus den Blattschäften der Weinpalme zusammengefügt. Den Fußboden bedeckte ein dunkelbrauner Tonestrich, der wohlgeglättet war und fest wie Asphalt. Eine niedrige Brustwehr aus gleicher Masse bildete die Seiteneinfassung. Hunderte von schaulustigen Eingeborenen lehnten von außen an der Brüstung. Aufseher mit langen Stöcken machten die Runde und hieben, wo es nottat, wacker auf die Menge ein. Knaben, die sich in den Festsaal geschlichen, wurden schonungslos hinausgepeitscht.

Am Eingang der Halle war eine großartige Ausstellung von Prunkwaffen hergerichtet. Viele hundert ganz aus Kupfer geschmiedeter Lanzen und Wurfspieße waren für zentralafrikanische Begriffe Schätze von unberechenbarem Wert.

Jetzt, still! – Der König kommt! Voran schreiten Musikanten, die auf riesigen, aus ganzen Elefantenzähnen geschnitten Hörnern blasen; andere schwingen roh gehämmerte Glocken aus Eisenblech. Den Blick gleichgültig vor sich hin gerichtet, naht der rotbraune Cäsar, gefolgt von einer Schar seiner Lieblingsweiber, in Putz und Haltung wild, romantisch, malerisch. Ohne mich eines Blickes zu würdigen, wirft er sich auf die niedrige Thronbank und betrachtet seine Füße. Mohammed setzte sich mir gegenüber neben den König auf einen Schemel im theatralischen Staat eines Obersten der albanischen Leibwache des türkischen Sultans.

König Munsa im vollen Ornat

An Armen und Beinen, Hals und Brust trug der Herrscher fremdartig geformten Schmuck; alles war blinkend blank geputzt und geschliffen, und Munsa erglänzte in seiner schweren Kupferpracht. Ein imposanter Federhut, fast einen halben Meter hoch, saß hinten auf der Höhe des Scheitels. Es war ein schmaler Zylinder von feinem Rohrgeflecht, außen mit drei Reihen von roten Papageifedern übereinander besetzt, große Federbüsche derselben Art krönten die Spitze. Einen Schirm hatte der Hut nicht, aber vorn über dem Scheitel war eine Art Mondsichel aus Kupfer angebracht. Die durchbohrten Ohrmuscheln trugen fingerdicke Kupferstäbe. Am ganzen Leib war der König mit rotem Farbholzpulver eingerieben. Seine einzige Kleidung, ein großes Stück verarbeiteter Feigenrinde, umhüllte in kunstvollem Faltenwurf den halben Körper. Fingerdicke, stielrunde Riemen von Büffelhaut, die im Schoß zu einem gewaltigen Knoten verschlungen waren und an den Enden schwere Kupferkugeln trugen, hielten das schön gesäumte Rindenzeug an den Hüften zusammen. In der Rechten schwang Munsa zepterartig den sichelförmigen Mangbattusäbel, eine Luxuswaffe von purem, lauterm Kupfer.

Das also war Munsa, der Selbstherrscher der Mangbattu, so recht ein wilder König, ohne jede Spur entlehnten europäischen oder orientalischen Schmucks. Munsa mochte nahe an die Vierzig sein; seine ziemlich hohe Gestalt war schlank, aber kräftig, der Wuchs stramm und gerade, wie bei jedem Mangbattu. Durchaus nicht einnehmend waren seine Gesichtszüge, obgleich sie den nicht unschönen Typus dieses Volkes trugen. Ein ziemlich dichter Knebelbart saß am Kinn, auch die Backen waren mit einigem Haarwuchs bekleidet. Die völlig kaukasisch geformte Nase schloss sich dem fast geradzähnigen Profil an; nur die stark aufgeworfenen Negerlippen standen hierzu im Gegensatz. In den Augen brannte ein wildes Feuer tierischer Sinnlichkeit, und um den Mund ging ein Zug, den ich bei keinem Mangbattu wiedergefunden habe. Habsucht und Gewalttätigkeit lagen darin auf der Lauer und die Freude an Grausamkeit; nie sah man den Mund zu einem Lächeln sich verziehen.

Nach und nach begann Munsa einige Fragen an mich zu richten, die sein erster Dolmetsch einem meiner beiden Niamniam übermittelte, der mir die Worte arabisch wiedergab; sie waren sehr gleichgültiger Natur. Nun trugen meine Diener die Geschenke herbei: ein Stück schwarzen Tuchs, ein Fernrohr, einen silbernen Teller, Porzellangeschirr, Schnitzwerk aus Elfenbein, ein Buch mit Goldschnitt, einen Doppelspiegel, der vergrößerte und verkleinerte, schließlich eine große Auswahl venezianischer Glasperlen, darunter dreißig Halsschnüre, jede aus einigen dreißig voneinander ganz verschiedenen Stücken der feinsten Art zusammengesetzt, sodass Munsa über 1000 verschiedene Glasperlen erhielt. Er betrachtete alles mit großer Aufmerksamkeit, ohne indes viel dabei zu sagen. Desto häufiger ließen sich aus seiner nächsten Umgebung halb unterdrückte Laute des Staunens vernehmen, denn hinter dem Sitze des Königs hatten sich seine Weiber, einige fünfzig, auf netten Schemeln in Reih und Glied niedergelassen. Auch der Doppelspiegel ging von Hand zu Hand, und seine Verzerrungen erzeugten Jauchzen und Schluchzen vor Freude. Diese Frauen unterschieden sich von denen des übrigen Volks nur durch größere Eleganz.

Nach einiger Zeit griff Munsa zu den bereitliegenden Erfrischungen: Breiklumpen von Bananenmehl und Tapioka, im reifen Zustand getrocknete Bananen und eine Frucht, die ich sofort als die viel gepriesene Kolanuss des Westens erkannte. Munsa schnitt sich von ihren rosa schimmernden Kernen, den Keimblättern, einige Stückchen ab und kaute daran in den Zwischenpausen nach jeder Pfeife Tabak, die ihm ein eigener Diener in Gestalt eines gegen zwei Meter langen Eisenrohrs reichte. Zunächst brachte der König sich in die richtige Stellung; er warf sich weit nach hinten zurück, stützte den rechten Ellbogen in die große Armlehne, schlug ein Knie über das andere und ergriff dann mit der Linken das Rohr. In dieser stolzen Haltung tat er bedächtig einen einzigen langen Zug, gab die Pfeife zurück und ließ dann den Rauch langsam aus dem Mund gleiten.

Ich bat um eine Kolanuss; der Herrscher reichte sie mir höchst eigenhändig. Ich äußerte gegen Mohammed meine Verwunderung, diese Frucht bei den Mangbattu wiederzufinden. Zu Munsa gewandt, wies ich mit der Hand in der Richtung zum Tschadsee und ließ ihm sagen: »Ich kenne wohl diese Frucht, dort essen sie die vornehmen Leute«, aber der König ging nicht darauf ein. Endlich nahmen die Vorstellungen zu unserer Unterhaltung ihren Anfang. Zunächst traten ein paar Hornbläser auf, die Solostücke vortrugen. Künstler in ihrer Art, ließen sie durchdringend heftige Brülltöne mit zartesten Flötenstimmen abwechseln. Der eine konnte auf dem gewaltigen Elfenbeinhorn, das er in wagrechter Lage kaum zu halten vermochte, sicher und zart trillern.

Darauf folgten Spaßmacher und Sänger von Beruf. Ein Hofnarr, ein kleiner kugelrunder Fettklumpen, dessen Gliedmaßen wie Windmühlenräder umherfuchtelten und der über und über mit buschigen Quasten und Schweineschwänzen behangen war, konnte sich nicht genug tun in seinen Späßen und Albernheiten. Zu des Königs größter Befriedigung brach ich in herzhaftes Lachen aus. Der Narr durfte sich gegen jedermann, sogar gegen Munsa selbst, Freiheiten herausnehmen. So kam er auf den König zugehüpft und streckte ihm die Rechte entgegen. Als Munsa einschlagen wollte, zog der Spaßmacher die Hand schnell wieder zurück und machte mit einem Satze kehrt. Kurz vorher waren mir einige frisch geröstete Maiskolben, die ersten im Jahr, vorgesetzt worden; da kam der Narr und bat mit drolliger Gebärde, davon essen zu dürfen. Ich warf ihm die Körner einzeln in den aufgesperrten Rachen; unter wunderlichem Augenverdrehen fing er sie auf; – das rief ein unbändiges Gejubel hervor. Ein Eunuch war die Zielscheibe des allgemeinen Witzes. Wenn er sang, glich er einem grunzenden Pavian. Munsa hatte ihm einen roten Fes aufgesetzt, und so war er der einzige, der etwas Fremdländisches an sich trug.

Das Beste hatte sich Munsa für den Schluss aufgespart: er hielt eine Rede! Mit einem Satz erhob er sich, zupfte an seinem Schurz, räusperte sich und begann dann laut schallend die Ansprache. Natürlich verstand ich nichts davon. Was ich aber hörte und sah, war genug, um zu begreifen, dass Munsa seine Worte sorgsam wählte. Denn oft hielt er inne, verbesserte sich, und es schien mir sogar, als mache er Kunstpausen, um den Jubel des Volkes auf die Kraftstellen zu häufen. »Ih, ih, tschupi, tschupi ih. Munsa ih«, die Nationalhymne der Mangbattu, erschallte es aus allen Kehlen, und ein Höllenlärm ging von den Musikwerkzeugen aus.

Die Pauken, jetzt rhythmisch von den Hörnern begleitet, schlugen in lebhafterem Tempo einen andern Takt an. Mit dem Ernst eines Kapellmeisters dirigierte Munsa das Höllenkonzert. Als Taktstock diente ihm eine Klapper aus Korbgeflecht. Die Rede dauerte eine volle halbe Stunde und gewährte mir Musse, von dem redenden König mehrere Skizzen zu entwerfen.

Zum Abschied sprach Munsa: »Ich weiß nicht was ich dir für deine vielen Gaben bieten soll; ich bin recht betrübt, dass ich nichts habe und so arm bin.«

Ich erwiderte: »Ich bin nicht deshalb gekommen, nur um zwei Dinge bitte ich: um ein Wildschwein und um einen Schimpanse.«

»Daran soll es nicht fehlen«, versprach Munsa. Allein von Schwein und Schimpanse sah ich nichts, trotz meiner täglichen Mahnungen.

In früher Morgenstunde weckte mich der Ruf meiner Leute, ich sollte herauskommen und sehen, was mir der König schicke. Mohammed gab mir die Erklärung: »Ich habe Munsa gesagt, dass deine Sachen unter freiem Himmel lägen; jetzt schickt er dir ein Haus als erstes Gastgeschenk.« In der Tat trugen einige zwanzig Eingeborene auf ihren Schultern das vierkantige Untergestell eines Häuschens, eine geringere Anzahl folgte dahinter mit dem Dach. In wenigen Minuten waren sie oben und stellten das Häuschen neben meinem Zelt auf. Es war etwa sieben Meter lang und geräumig genug, um meine Vorräte aufzunehmen.

Beständig war mein Zelt von Scharen Neugier umringt. Die Angeseheneren unter ihnen kamen mit ihren Bänken, um sich gemütlich bei mir zum Gaffen niederzulassen. »Bringt Waffen und kunstvolles Gerät, Schmucksachen und Gebrauchsgegenstände aller Art,« ließ ich ihnen sagen, »Felle und Schädel von Tieren, Früchte des Waldes, die Blätter dabei, vor allem aber Menschenschädel, ich gebe euch Kupfer.« Im Handumdrehen entwickelte sich ein Kuriositätenmarkt mit schwungvoll betriebenem Tauschhandel.

Die Menge der herbeigeschleppten Gebeine war erstaunlich: Ich hatte Mühe, begreiflich zu machen, dass ich nur unversehrte Schädel brauchen könne, ich verspräche aber, für jedes vollständige Stück mit einem großen Armring zu zahlen. Die meisten Schädel waren zertrümmert, um das Hirn bequemer herausnehmen zu können. In allen Fällen wussten die Überbringer mir Herkunft und Geschlecht mit großer Bestimmtheit anzugeben. Die meisten Schädel gehörten den Völkern an, die im Süden ihre Wohnsitze haben, nur wenige stammten von den Mangbattu selbst. Viele Stücke waren in Wasser gekocht und mit Messern abgeschabt worden. Einige schienen geradewegs von den Mahlzeiten der Eingeborenen zu kommen.

Unter allen Vornehmen, die mich besuchten, fesselte besonders einer von Munsas Söhnen meine Aufmerksamkeit. Er hieß Bunsa. Dieser junge Mann trug alle Merkmale eines ausgeprägten Albinismus zur Schau und gehörte zu den hellfarbigsten Vertretern der Mangbatturasse, die mir zu Gesicht gekommen sind. Das stark gekräuselte, derbe Haar war von einem unreinen Blond. Der hohe Haarwulst am Hinterkopf glich einem Bündel Hanf. Die hellbraunen Augen schienen lichtscheu zu sein und schielten unstet umher, dabei wackelte das von einem dürren Hals getragene Haupt unwillkürlich, oder es ruhte in ungewöhnlichen Stellungen.

Von den übrigen Mitgliedern des Königshauses ließen sich nur Munsas Frauen und seine älteste Schwester im Lager blicken. Die letztere war eine ältliche garstige Person. Sie schien nichts von der Amazonennatur ihrer verstorbenen Schwester Nalengbe zu besitzen, von der man berichtete, dass sie in Mannestracht die Mangbattu in den Kampf geführt habe. Ihre Eitelkeit machte sie zum Gespött der Fremden und Eingeborenen. Von mir erbettelte sie einige Flintenkugeln, die den Mangbattu von den Nubiern aus Gründen der höheren Politik vorenthalten werden; sie hämmerte sich aus dem Blei der Kugeln schön glänzende Ohrgehänge.

Eines Morgens fanden sich gegen dreißig der königlichen Lieblingsfrauen im Lager ein, lauter jugendlich kräftige, meist große Gestalten von tadellosem Wuchs, wenn auch nicht von einnehmender Gesichtsbildung. Wie gewöhnlich wetteiferten sie in üppiger Entfaltung des Haarschmuckes und kunstvoller Bemalung des Körpers. Zwei ließen sich bewegen, mir zu einem Bild zu sitzen. Einzelne zeichneten sich durch helle Hautfarbe und fast blonden Haarwuchs aus, mehrere erinnerten sogar an die Färbung des Milchkaffees. Ich wollte durch Glasperlen meine Dankbarkeit an den Tag legen, erhielt aber die Perlenschnüre zurück; die Frauen des Königs seien nur berechtigt, von Mohammed Geschenke abzuholen, solche auch von mir in Empfang zu nehmen, hätten sie keinen Befehl, »das könnte Verdacht erregen, und Verdacht wäre bei Munsa gleichbedeutend mit Tod«, setzten die Dolmetscher hinzu.

Das Menschengetümmel um mich herum begann auf die Dauer sehr ermüdend zu wirken. Ich war bereits am zweiten Tag genötigt gewesen, mein Zelt mit einer Dornhecke einfriedigen zu lassen; aber viele brachen rücksichtslos durch. Jede Minute sah ich mich in meiner Arbeit unterbrochen. Ich spritzte im Unmut oft Wasser unter die Leute und ersann allerhand Schreckmittel. Schließlich blieb mir kein Ausweg, als beständig einige Wachen aufzustellen, denen von Mohammed befohlen wurde, Gewehr im Arm jeden Zudringlichen zurückzuweisen.

Kaum aber hatte ich mein Asyl verlassen; als ich mich auch schon von einer ganzen Schar begleitet sah. Vorwiegend Weiber folgten und verleideten mir viele meiner botanischen Ausflüge. Wo wir durch Weiler und Gehöfte kamen, wuchs mein Gefolge beständig an. War ich aufgelegt, so erlaubte ich mir wohl auch einige Späße, indem ich einige Worte, die ich von ihrer Sprache aufgeschnappt, unter die Menge warf. Diese wurden mit Begeisterung von Mund zu Mund getragen. Rief ich z. B. »hosanna«, d. h. »ist nicht«, so riefen alle Weiber hinter mir in einem Atem eine Viertelstunde lang »hosanna, hosanna«. Auch schwierige deutsche Worte gab ich ihnen zum besten und ergötzte mich an ihrer Gewissenhaftigkeit, die Zungen brechenden Laute nachzuahmen. Am liebsten aber bediente ich mich der vielen lautmalenden Namen von Tieren, die in der Mangbattusprache den von den Tieren ausgestoßenen Lauten nachgebildet werden, wie z. B. »Memmeh« für »Ziege«. Alle Mangbattuweiber waren im höchsten Grad zudringlich. So oft ich aber selbst zu ihren Wohnplätzen kam, verschlossen sie sich ängstlich im Innern der Hütten und verrammelten unter vielem Geschrei alle Türen.

15. Der tanzende König.

Die zwanzig Tage unsers Aufenthalts verstrichen mir nur zu schnell. Überraschungen auf Überraschungen folgten. Große Festlichkeiten in den Hallen des Königs, allgemeiner Jagdalarm, tributbringende Vasallen, die mit ihren Kriegern feierlichen Einzug hielten: immer wieder zeigte sich mir das Volk der Mangbattu von einer neuen Seite. Wiederholt besuchte ich den König, den ich bald in seinen Vorratskammern mit Austeilen von Lebensmitteln, bald in den inneren Gemächern seines engeren Hofhalts antraf. Eines Nachmittag, wurde mir die Erlaubnis zuteil, an Mohammeds Seite alle Teile der »Hofburg« zu durchmustern. Der Zeremonienmeister und der oberste Küchenmeister geleiteten uns. Hofburg nenne ich eine abgeschlossene Vereinigung von Hütten, Hallen und Schuppen, die, von einem Palisadenzaun umfriedigt, nur vom König und den Beamten seines Haushalts betreten werden durften. Bäume waren in Reihen um den Zaun gepflanzt. Ich wurde zu einem runden Haus mit einem riesenhaften Kegeldach geführt, das als Zeughaus mit Waffenvorräten aller Art angefüllt war. Hier durfte ich eine Anzahl Klingen und Lanzen, die mir besonders gefielen, aussuchen. Die Hofbeamten und Waffenaufseher beeinträchtigten mich indes sehr in der freien Auswahl. Ich musste die königliche Freigebigkeit anrufen, um Prachtstücke behalten zu dürfen.

Alle Versuche, von Munsa geografische Aufschlüsse über die Länder im Süden seines Reichs zu erlangen, scheiterten an der Geheimtuerei der afrikanischen Herrscherpolitik – auch seine Untergebenen schwiegen wie das Grab.

Bei einer späteren Begegnung machte mir Munsa Vorwürfe darüber, dass ich ihm so wenig Kupfersachen geschenkt habe. Eine solche Nachforderung hatte ich längst erwartet und mich nur gewundert, dass sie nicht früher gekommen war. »Mohammed,« sprach Munsa, »hat mir viel Kupfer gegeben; der ist ein großer Sultan, aber ich weiß, du bist auch ein großer Sultan.« »Ja, ich brauche aber auch kein Elfenbein,« fiel ich ihm in die Rede. Der König entließ mich in Gnaden, sandte aber bald darauf Boten, die um meine beiden Hunde baten; es waren zwei ganz gemeine Bongoköter. Vergeblich beteuerte ich, die Hunde seien meine Kinder, um keinen Preis seien sie mir feil. Es half nichts – täglich wurde die Forderung wiederholt und mir allerlei absonderliche Geschenke ins Zelt geschickt. Als sogar Sklaven und Sklavinnen vorgeführt wurden, brachten diese mich auf einen neuen Gedanken. Ich beschloss nachzugeben und den einen Hund gegen einen Eingeborenen des Zwergvolks der Akka einzutauschen. Munsa sandte mir zwei dieser Zwerge. Ich behielt den kleinen Akka, der ein Alter von 14 bis 15 Jahren haben mochte. »Nsewue« wurde der junge Zwerg genannt, den ich als ein Adoptivkind betrachtete. Der Tausch wandte mir wieder die königliche Gnade zu, und das Verbot, das die Eingeborenen verhindert hatte, mir wie früher täglich Marktwaren und Kuriositäten zu liefern, wurde zurückgenommen. Ich erhielt jetzt solche Mengen reifer Bananen, dass ich mir einen gehörigen Vorrat von Wein aus ihnen herstellen konnte, ein liebliches, gesundes Getränk, das man nach vierundzwanzigstündiger Gärung erhält.

Da im Mangbattuland keinerlei Viehzucht bestand, so wäre ich auf die einförmigste Pflanzenkost beschränkt geblieben, wenn nicht von dem letzten Raubzug gegen die Momfu her noch viele Ziegen im Land aufzutreiben gewesen wären. Als ich ein halbes Dutzend beisammen hatte, ließ ich sie alle auf einmal schlachten. Die Fleischmasse wurde von Knochen und Sehnen sorgfältig getrennt und fein zerhackt. Dann wurde sie in großen Töpfen gekocht, die Brühe filtriert, entfettet und eingedampft. Der auf diese Art gewonnene Fleischextrakt war als Vorrat für die Rückreise bestimmt und bewährte sich aufs trefflichste. Das Erzeugnis sollte in der späteren bösen Zeit mein Leben fristen helfen, denn meiner harrten noch schwere Tage der Not und elenden Hungers.

Außer Mohammed pflegten auch zwei andere Gesellschaften das Gebiet der Mangbattu zu besuchen. Dem Abkommen gemäß mussten sie ihren Elfenbeinhandel auf die östlichen Mangbattulande beschränken, wo Degberra König war. Alle pflegten nach ihrem Abzug eine kleine Anzahl Söldner zurückzulassen, damit diese die Handelsinteressen ihrer Gesellschaft wahrten.

Mohammed hatte ebenfalls eine Anzahl seiner Leute bei Munsa untergebracht; sie durften eine Seriba bauen, auch war ihnen Land angewiesen, das sie bestellen konnten. Weiter erstreckten sich ihre Vorrechte nicht, und über die Einwohner hatten die Fremden in keiner Weise irgendwelche Macht.

Als die Elfenbeinvorräte des Königs erschöpft waren, begann Mohammed auf Mittel zu sinnen, weiter nach Süden vorzudringen, um einen neuen Markt zu eröffnen. Begeistert schloss ich mich seinen Plänen an. Diesem Vorhaben standen aber leider die größten Hindernisse im Weg. Es stieß vor allem auf den entschiedensten Widerspruch des Königs.

Eine Zeit lang stand mein Entschluss fest, allein bei Munsa zurückzubleiben. Dies wollte aber mein Beschützer durchaus nicht zugeben; auch von meinen eigenen Leuten hätte sich wohl keiner dazu entschließen können, bei mir auszuhalten. Meine nötigste Ausrüstung reichte kaum für die Rückreise, der Salzvorrat war erschöpft. Die Aussicht, beim weitern Vordringen in Abhängigkeit von den Mangbattu zu kommen, hatte etwas Verzweifeltes. Ich hätte ihren Raubzügen nach Menschenfleisch beiwohnen müssen.

Ganz andere Aussichten würden sich mir freilich eröffnet haben, wenn ich über große Geldmittel verfügt hätte. Eine Expedition im Maßstab der seinerzeit von den Engländern Speke und Grant ausgerüsteten hätte von Munsa aus ohne Aufenthalt in südwestlicher Richtung vordringen können. Mit 200 Chartumer Soldaten, denen kein Fieber etwas anhat und die jede Kost vertragen, und mit den für alle Schliche afrikanischer Häuptlinge gewappneten Anführern könnte man überhaupt in jeder beliebigen Richtung vordringen; es handelte sich nur darum, diese unersetzlichen Strolche für sich zu gewinnen.

Munsas Besuch im Lager und große Festlichkeiten, die sich an die siegreiche Rückkehr des Häuptlings Mummeri von einem Zug gegen die Momfu anschlossen, brachten viel Abwechselung in unser Lagerleben.

Es war ein kühler und regnerischer Tag, als mit dem frühen Morgen der Lärm einer jauchzenden Menge herüberzuschallen begann. Gegen Nachmittag eilte ich durch den feinen Sprühregen hinüber und betrat den Festsaal. Hier erwartete mich ein großartiges Schauspiel. Im Innern der Halle war ein weiter Raum freigelassen worden. Achtzig Weiber des Königs saßen auf ihren kleinen Schemeln in einem ein- bis zweireihigen Viereck um Munsa herum und klatschten in die Hände. Hinter den Weibern, die in abenteuerlichster Weise bemalt waren, standen die Krieger im vollen Waffenschmuck, und ein Wald von Lanzen starrte zur Decke. Alle musikalischen Kräfte, über die der König verfügte, waren aufgeboten worden, Kesselpauken und Holzpauken, Hörner und Pfeifen aller Art, Schellen und Glocken. In solcher Umgebung tanzte König Munsa. Welch ein Anblick!

Munsas Tanz vor seinen achtzig Frauen

Diesmal beschattete sein Haupt ein gewaltiger Aufsatz von langhaarigem Pavianfell, der Bärenmütze eines Grenadiers der alten Zeit vergleichbar. Von der Spitze flatterten lange Federbüschel herab, die Arme waren mit Schwänzen der Ginsterkatze behangen und an den Handgelenken baumelten große Bündel von Eberschwänzen. Ein dichter Schurz von verschiedenen Tierschwänzen umgürtete die Hüften, die nackten Beine waren mit klirrenden Ringen besetzt. In solchem Aufzug sah man den König in rasendem Tanz umherspringen; die Arme schlenkerte er im Takt der Musik nach allen Richtungen. Mit erhobenen Armen begleiteten alle Weiber diese Klänge und klatschten den Takt dazu. Munsa raste durch die Halle in einer Ekstase, die an die Wut eines tanzenden Derwisches erinnerte. Alle halbe Stunden etwa wurde eine Pause gemacht, dann ging es von neuem los, unerschöpflich, unermüdlich!

Zu dem Toben der Menschen gesellte sich schließlich das Toben der Elemente. Ein Orkan brach herein mit allen Schrecken der Tropengewitter, und bald peitschte der Sturmwind den strömenden Regen bis in die halbe Halle hinein. Das wirkte abkühlend, die Musik verstummte, der Donner der Paukenschläge wich dem Donner der Natur. Nach und nach verzog sich die erschöpfte Menge, selbst der rasende Cäsar war urplötzlich verschwunden.

Ich benutzte die Gelegenheit, um mir das Innere der andern größeren Halle anzusehen, die gegenüber lag. Eine niedere Tür führte in den 16 Meter hohen und 50 Meter langen, nur durch wenige Spalten erhellten Raum, dessen Decke von fünf Pfostenreihen getragen wurde. Auf der einen Seite befand sich ein Balkenverschlag, der ein kleines Zimmer vom großen Raum absonderte. Hier pflegte der König ab und zu Nachtruhe zu halten. Ein derb zusammengezimmertes Gerüst diente als Bettstelle; zu beiden Seiten erhoben sich Säulen, die aus aufeinandergestapelten schmiedeeisernen Ringen von riesiger Größe und je einem halben Zentner Gewicht zusammengesetzt waren. Die Pfosten und das Gebälk waren in rohester Weise mit bunten Mustern bemalt. Der Dekorationsmaler hatte nur über drei Farben verfügen können, schwärzlichrot mit Blut, gelb mit Eisenocker und weiß mit Hundekot.

Zweimal beehrte der König in Person unser Lager mit seinem Besuch. Beim Betreten begrüßte ihn die schwarzweißrote Flagge. Ich suchte ihn durch Vorzeigen meiner Bilder zu unterhalten; unter anderm legte ich ihm sein eigenes Bildnis vor. Es waren die ersten Bilder, die ihm überhaupt je zu Gesicht gekommen. Lebhafte Grimassen verrieten die stumme Freude seines Innern, und er bedeckte den geöffneten Mund mit beiden Händen, bei allen Mangbattu ein Zeichen des Staunens und der Bewunderung. Zum Schluss musste ich vor ihm noch meine Brust entblößen und die Hemdärmel aufstreifen. Da konnte er einen Schrei der Verwunderung nicht unterdrücken, denn auch er hatte nicht glauben können, dass mein ganzer Körper von weißer Haut bedeckt sei. Der Besuch endete, wie gewöhnlich unsere Zusammenkünfte, mit dem nicht erfüllten Wunsch, nun möchte ich mir auch noch die Stiefel ausziehen. Es ging nämlich bei den Eingeborenen wegen meines schlichten Haars das Gerücht, ich hätte an den Füßen Ziegenklauen.

Nachmittags und in den Morgenstunden unternahm ich täglich Streifzüge in die Umgegend und bereicherte meine Sammlung durch zahlreiche Funde von überraschender Neuheit. Die Mittagszeit musste immer mit allerhand häuslichen Geschäften ausgefüllt werden. Der Tag der großen Wäsche war herangekommen. Aber ich sah mich vergeblich nach einem Gefäß um, das alle die einzuweichenden Stücke zu fassen vermochte. Da verschaffte mir Mohammed leihweise König Munsas riesige Speiseschüssel, die eher einem Trog als einem Tischgeschirr zu vergleichen war. Sie hatte über eineinhalb Meter Länge und war aus einem einzigen Holzblock gehauen.

König Munsas Herrlichkeit sollte nicht von langer Dauer sein. Schon im Jahr 1873 fiel er im Kampf gegen die Chartumer durch die Kugel eines Basinger, eines schwarzen Soldaten. An seiner Stelle wurde der A-Bangbahäuptling Niangara unter ägyptischer Militärverwaltung eingesetzt. Im Juni 1906 traf der Engländer Boyd Alexander in der ehemaligen

Residenz des Munsa, im Uelledistrikt des belgischen Kongostaats, den A-Bangbahäuptling Okonda als Herrn des Landes an.

16. Ein irdisches Paradies und seine Bewohner.

Kurze Zeit vor meinem Aufbruch von Chartum hatte ich die erste Kunde von dem Dasein eines Volks namens Monbuttu erhalten, das im Süden der Namniam leben sollte. Ich hatte das Glück, meine Reise bis in das Gebiet dieses merkwürdigsten aller Völker Afrikas auszudehnen, das sich in Wirklichkeit Mangbattu nennt. Seit meinem Besuch sind verschiedene europäische Reisende zu diesem Land vorgedrungen. Besonders Dr. Wilhelm Junker hat dort eingehende Forschungen angestellt. Eine Zusammenstellung alles dessen, was bis 1909 über die Mangbattu berichtet worden ist, hat der Belgier Van Overbergh gegeben.

Die Mangbattu sind umgeben von ganz anders gearteten Rassen und befinden sich eingekeilt in ein Geschiebe von Stämmen der untersten Stufe der Kulturentwicklung, die sich beständig bekriegen und von denen eines das andere allmählich verdrängt. Van Overbergh fasst die Entwicklungsgeschichte des Volkes dahin zusammen: Vor Ankunft der arabischen Händler bildeten die Mangbattu ein machtvolles Gemeinwesen. Es umfasste zwei Klassen: die Unterworfenen, die mehr oder minder Ureingesessene waren, und die Eroberer, die eine Art Aristokratie bildeten. Die Sieger zwangen ihre Sitten und Gebräuche den andern auf. Nach einiger Zeit vollzog sich eine Verschmelzung, und heute sind die ehemals Unterworfenen stolz darauf, sich Mangbattu zu nennen. Sie besitzen auch den Stolz der höheren Rasse und erfreuen sich des Vorzugs des ihr zukommenden Ansehens.

Zwei Häuptlinge teilen sich in die Herrschaft: wir können sie Könige nennen, denn ihre Macht erstreckt sich weit über die von Mangbattu bevölkerten Gebiete hinaus. Den östlichen Teil beherrscht Degberra, den westlichen, weit umfangreicheren Munsa mit Unterhäuptlingen, die sich mit einem ähnlichen Gepränge umgeben wie der König.

Im weiten Halbkreis wohnen im Süden um das Land der Mangbattu herum eine Anzahl Völker von ausgesprochener Negerrasse, die von den Mangbattu mit dem Gesamtnamen Momfu bezeichnet werden. Von diesen Stämmen muss indes das rings eingeschlossene zwergartige Volk der Akka ausgenommen werden, die in Südwest Grenznachbarn sind.

Das Mangbattuland ist ein irdisches Paradies. Endlose Bananenpflanzungen bedecken die Gehänge der sanft gewellten Talniederungen. Die Ölpalme bildet ausgedehnte Haine an den Ufern der Bäche und Flüsse und baut schattige Dome über den idyllischen Behausungen der Eingeborenem. In dem Land, das eine durchschnittliche Meereshöhe von 700 bis 800 Metern hat, wechseln beständig tief eingesenkte Bäche und Flüsse mit sanft ansteigendem Höhen, die bis zu 100 Metern über die Talsohle ansteigen können. In der Tiefe der Niederungen bilden Bäume von erstaunlicher Höhe mächtige Bestände.

Das Volk knüpft sein Dasein an die fast mühelose Gewinnung von Baumfrüchten und Erdknollen und verschmäht den Anbau des Getreides, nur dem Mais wird einige Aufmerksamkeit geschenkt. Der Anbau der Banane macht wenig Mühe. Man steckt die jungen Schößlinge in das vom Regen erweichte Erdreich, die alten Stauden sterben von selbst ab, und die Pflanzung ist bestellt. Das Stecken der Mehl liefernden Wurzelknollen von Maniok, von süßem Bataten, Yams und Colocasien erfordert ebenso geringe Mühe. Von großer Bedeutung für die Ernährung ist der Maniok; der Anbau der süßen Bataten ist ebenfalls sehr verbreitet. Die Grundlage der Nahrung ist jedoch die Banane. Diese wird meist noch grün getrocknet, zu Mehl zerrieben und zu Mus gekocht. Die im Reifezustand gedörrte Frucht ist ein Leckerbissen und den besten Datteln vergleichbar. Weinartige Getränke sah ich nur selten aus der Banane herstellen, ich habe mir aber selbst solche mit Erfolg bereitet.

Der Anbau der Ölpalme wird südlich vom Uelle in großem Umfang betrieben. Dieser Baum ist bisher weder angepflanzt noch wild in einer zum Nilgebiet gehörigen Gegend aufgefunden worden, er bietet daher wie die Kolanuss einen Beweis für den westafrikanischen Charakter des Landes.

Viehzucht ist den Mangbattu fremd. Den Fleischbedarf deckt ausgiebig die Jagd, die vorzugsweise auf Elefanten, Büffel, Wildschweine und große Antilopen betrieben wird. Die zu gewissem Jahreszeiten in Menge erbeutetem Fleischvorräte werden meist in getrocknetem Zustand aufbewahrt. Die Mangbattu werden also keineswegs durch Fleischmangel zur Menschenfresserei getrieben. Auch die Menge der Hühner ist nicht zu unterschätzen, ebenso die Zahl der Hunde.

Ein weitverbreiteter Vogel ist der graue Papagei, dessen hochrote Schwanzfedern die Eingeborenen als Kopfputz verwerten. Auch seines wohlschmeckenden Fleisches wegen wird ihm sehr häufig nachgestellt. Im übrigen ist die Jagd auf Vögel von geringem Belang. Auch Fische wandern reichlich in die Kochtöpfe.

Während den Weibern die Bestellung des Bodens obliegt, verbringen die Männer ihre Tage in Müßiggang, solange sie weder durch Jagd noch durch Krieg vom Heim ferngehalten sind. Tabak rauchend sitzen sie schon zu früher Morgenstunde behäbig auf ihren schönen Bänken im Schatten der Ölpalmen, die Beine lang vor sich hingestreckt und den Arm gestützt auf das als Lehne dienende Holzgestell. Die Mittagszeit verplaudern sie in den offenen kühlen Hallen, die als Versammlungsplätze dienen.

Die Töpferei wird ausschließlich von Weibern ausgeübt, während das Schmiedehandwerk wie üblich auf die Männer beschränkt ist. Mit Holzschnitzerei und Korbflechterei sind beide Geschlechter vertraut.

Im Gegensatz zu dem züchtigen, zurückhaltenden Wesen der Niamniamfrauen sind die Weiber der Mangbattu ausnahmslos von einer überraschenden Zudringlichkeit und Ungebundenheit. Ihren Männern gegenüber beanspruchen sie einen hohen Grad von Selbstständigkeit. Die Vielweiberei scheint schrankenlos zu sein. Auf eheliche Treue gibt der Mangbattu wenig; ich konnte mich davon tagtäglich im Lagerleben der Nubier überzeugen.

Große Sorgfalt scheinen die Eingeborenen auf die Zubereitung der Speisen zu verwenden, die alle mit dem rohen, ziegelroten Öl der Ölpalme versetzt zu werden pflegen. Das Palmöl besitzt in den ersten Tagen einen angenehmen Geschmack, der aber bald ins Ranzige übergeht. Aus den Kernen wird ein schlechtes Öl gewonnen, das als Beleuchtungsmittel Verwendung findet. Auch Erdnüsse und Sesam liefern den Mangbattu reichliche Fettvorräte. Sogar aus den fetten Leibern der männlichen Termiten wird ein nicht übel schmeckendes Öl gesotten.

Ganz allgemein in Gebrauch ist Menschenfett. Der Kannibalismus der Mangbattu übertrifft den aller bekannten Völker in Afrika. Das Fleisch der im Kampf Gefallenen wird auf der Walstatt verteilt und zum Transport nach Haus hergerichtet. Die lebendig Eingefangenen werden von den Siegern erbarmungslos vor sich hergetrieben, um später als Opfer wilder Gier zu fallen. Die erbeuteten Kinder wandern als besonders delikate Bissen in die Küche des Königs. Es ging das Gerücht, dass für ihn fast täglich kleine Kinder geschlachtet würden. Mir selbst sind allerdings nur zwei Fälle bekannt, dass ich die Mangbattu dabei überraschte, Menschenfleisch als Speise herzurichten. Sichtbare untrügliche Anzeichen von Kannibalismus fanden sich aber auf Schritt und Tritt. Munsa erklärte offen, da Menschenfresserei für uns ein Gräuel sei, werde sie, solange wir anwesend seien, verheimlicht.

Die Mangbattu bieten nicht das erste Beispiel, dass oft gerade solche Völker Menschenfresser sind, die sich durch ihre höhere Entwicklungsstufe von solchen unterscheiden, die den Genuss von Menschenfleisch verabscheuen. Sie sind eine edlere Rasse, ein Volk, das sogar einen gewissen Nationalstolz an den Tag legt, reich begabt wie wenige Bewohner der afrikanischen Wildnis. Die Nubier, die einige Jahre bei den Mangbattu gelebt haben, wissen nicht genug zu rühmen von ihrer Zuverlässigkeit im freundschaftlichen Verkehr und von ihrer im Staatsleben offenkundigen Ordnung und Sicherheit. Auch hinsichtlich ihrer kriegerischen Tüchtigkeit schienen die Nubier ihnen ein Übergewicht zuzuerkennen.

Die Macht des Herrschers erstreckt sich viel weiter als die der Niamniamfürsten. Außer dem stets ihm vorbehaltenen Elfenbein werden auch regelrecht Abgaben von Bodenerzeugnissen erhoben. Ein Tross von Trabanten umgibt neben der besondern Leibwache beständig den Herrscher, und groß ist die Anzahl der Beamten und Ortsvorsteher, die die königliche Macht zur Geltung bringen.

Nach den Unterhäuptlingen, die aus der großen Schar der leiblichen Königsbrüder genommen werden, haben die vornehmsten Reichsräte den nächsten Rang inne. Es sind ihrer fünf: 1. der Waffenmeister; 2. der Zeremonienmeister; 3. der Küchenmeister und oberste Lagerverwalter; 4. der Hausmeister über alle königlichen Frauen; 5. der Dolmetsch im Verkehr mit den Fremden und benachbarten Herrschern.

Munsa verlässt nie seine Residenz, ohne von einem mehrere Hunderte zählenden Tross umgeben zu sein. Achtzig Frauen von jugendlichem Alter bewohnen mit ihren Sklavinnen ebenso viele Hütten, die in einem weiten Kreis um die königlichen Palasthallen und Privatwohnungen erbaut sind. Sie umschließen einen großen, wohlgesäuberten Freiplatz. In mächtigen Hallen versammelt Munsa die Vornehmen zur Ratsversammlung; dort erteilt er Audienz und feiert die Feste in großartigster Weise.

Die königlichen Frauen bilden mehrere Klassen. Die älteren bewohnen in gewissem Abstand von der Residenz eigne Dörfer, denn ihre Anzahl geht in die Hunderte.

Die Privatwohnung des Königs besteht aus einer Gruppe von Hütten, die von einem Palisadenzaun umfriedigt und von wohlgepflegten

Baumpflanzungen beschattet wird. Für jede seiner täglichen Arbeiten ist eine eigne Hütte bestimmt.

Ausschließlich zur Bereitung seiner Speisen ist abwechselnd eine seiner Frauen beauftragt. Munsa pflegt stets allein zu speisen, niemand darf den Inhalt seiner Schüsseln zu sehen bekommen, und alles, was er übrig lässt, wird in eine eigens dazu bestimmte Grube geschüttet. Was der König berührt hat, gilt als heilig. Nicht einmal von dem Feuer, das vor seinem Sitz brennt, dürfen Gäste eine Kohle nehmen, um sich die Pfeife anzustecken. Es wurde behauptet, ein solcher Versuch würde vom König sofort mit dem Tod bestraft. Der Kleidervorrat des Königs beansprucht allein mehrere Hütten. In der einen gewahrte ich nichts als Hüte und Federschmuck. Dann folgte eine Hütte, in der bündelweise Felle und tausenderlei Zierrate aufgehängt waren. Zu langen Schnüren aufgereiht sah man die Zähne seltener Tiere hängen. Reißzähne des Löwen, von denen ich über hundert an einem einzigen Schmuckgehänge zählte, bildeten ein kostbares Erbstück.

In einer kleinen Kegelhütte zeigte man mir den königlichen Abort, den einzigen, der mir in Zentralafrika zu Gesicht gekommen ist. Es war eine Senkgrube, deren Verschluss einen Spalt freilässt, und entsprach ganz den in türkischen und arabischen Häusern vorhandenen Einrichtungen. An einem andern Tag wurde ich in die Rüstkammern geführt. Die Waffenvorräte bestanden hauptsächlich aus zusammengeschnürten Packen von 200 bis 300 Lanzen; Säbelklingen und Hackmesser waren haufenweise aufgeschichtet. Hier wurden auch die Prunk- und Luxuswaffen aufbewahrt, hauptsächlich riesige Lanzen; Schaft und Spitzen waren aus reinem Kupfer geschmiedet und aufs prächtigste poliert.

Die Vorratskammern und Kornlager befinden sich unter wohlgezimmerten, regendichten Dächern. Hier verbringt Munsa einen Teil seiner Zeit, um die Einteilung und Anordnung der Vorräte selbst zu überwachen.

Die Mangbattu zeichnen sich vor fast allen bekannten Völkern Zentralafrikas durch ihre hellere Hautfarbe aus, deren Grundton der des gemahlenen Kaffees ist. Von den Niamniam unterscheiden sie sich ferner durch geringere Muskelfülle, ohne indessen den Eindruck der Schwächlichkeit zu machen, auch haben sie bei gleicher Fülle des Haupthaars einen weit stärker entwickelten Bartwuchs. Wenigstens fünf vom Hundert sind mehr oder minder blondhaarig. Dieses Blond hat indes nichts mit dem unsrigen gemein, es ist von unreiner Färbung.

Die Gesichtsbildung erinnert in vielen Fällen an die semitischer Völker. Namentlich weicht die schmälere Nasenbildung von der der übrigen Negerrassen häufig auffallend ab. Auch tritt die Adlernasenform oft auf.

Dank ihrer völligen Abgeschlossenheit sind ihnen gewebte Stoffe aller Art unbekannt geblieben. Ein Feigenbaum von eigener Art, der bei keiner Hütte fehlt und dessen Rindenbast im natürlichen Zusammenhang zu einem dauerhaften wollartigen Zeug verarbeitet werden kann, liefert den einzigen Bekleidungsstoff. Wenn der Stamm Mannesstärke erreicht hat, ist die Rinde am brauchbarsten. Man entschält den ganzen Stamm eineinhalb Meter lang vermittels zweier Ringschnitte, ohne dass dadurch ein Absterben verursacht wird. Durch Wässern und Klopfen verstehen es die Mangbattu, der Rinde ganz das Aussehen eines dichten, sehr geschmeidigen Gewebes zu geben. Mit einem Gürtelstrick zusammengehalten, bedeckt ein solches Rindenstück in seltsamem Faltenwurf den Körper von den Knien bis zur Brust. Die Kunst des Webens braucht dabei nicht in Anspruch genommen zu werden; als deren erster Versuch konnte die Anfertigung von Binden und Zeugstreifen betrachtet werden. Nie tragen die Mangbattu Felle im Gürtel.

Mangbattukrieger im Rindenkleid

Die Frauen gehen fast völlig nackt, bis auf ein handgroßes Stück Bananenlaub oder Rindenstoff. Außerdem bemalen sie sich den ganzen Körper auf das sorgfältigste mit dem schwarzen Saft aus der Frucht einer Gardenia. Tätowierte Figuren verlaufen bandartig in der Richtung der Achseln über Brust, Oberarm und Rücken der Weiber. Die Bemalung bietet dem Beschauer eine unerschöpfliche Mannigfaltigkeit der verschiedensten Muster.

Die Männer bedienen sich einer Art Schminke aus gepulvertem Rotholz, indem sie die pulverisierte mit Fett zusammengeriebene Masse gleichmäßig einreiben und über den Körper verteilen. Die Haartracht ist bei Männern und Weibern dieselbe und besteht aus einem langen zylindrischen Haarwulst, der, durch ein Rohrgestell im Innern festgehalten, in schräger Richtung nach hinten emporstarrt. Die in fein geflochtenen Strähnen über die Stirn gezogenen Haare des Vorderkopfes werden oft durch erborgtes Haar von den im Krieg Gefallenen oder durch gekauftes Haar ersetzt. Die Männer setzen auf den Wulst einen Strohhut mit Federbusch. Die Frauen pflegen ausnahmslos den Haarwulst frei zu tragen, nur geziert mit kleinen Haarnadeln, auch mit Kämmen versehen, die man aus Stacheln des Stachelschweins zusammensetzt. Eine mir wegen der Haartracht verborgen gebliebene künstliche Verlängerung des Hinterhauptes zu fast kegelförmiger Gestaltung, die durch fortgesetzte, bereits am Säugling vorgenommene Umschnürung des Schädels bewirkt wird, ist bei vielen Mangbattu vorhanden und wurde später von Dr. Wilhelm Junker und Professor Schubotz beobachtet.

Haartracht der Mangbattu

Die einzige Verstümmelung des Körpers, die ich hatte wahrnehmen können, besteht in einer Durchlöcherung der inneren Ohrmuschel, um einen Stab von der Größe einer Zigarre durchstecken zu können. Die Beschneidung wird im ganzen Land, wie bei Mohammedanern, geübt.

Vielfältig ist die Bewaffnung. Sie führen Schild, Lanze, Bogen und Pfeile, im Gürtel sichelartig gekrümmte Messer, Sichelschwerter, deren Schneide an der einwärtsgehenden Seite angebracht ist; andere bedienen sich großer Dolche und spatelförmiger Hackmesser. Der Trumbasch, das Wurfeisen der Niamniam, ist nicht gebräuchlich.

Das Schmiedehandwerk nimmt unter ihren Kunstfertigkeiten eine hervorragende Stellung ein. Kneifzangen, Feilen und Hämmer unserer Art fehlen, aber die Mangbattu sind ihren Nachbarn durch die Anwendung anderer Werkzeuge überlegen. Sie sind die einzigen, die statt eines Ambosses von Stein sich eines solchen von Schmiedeeisen, wenn auch im kleinen, bedienen. Mit dem Meißel wird jede Waffe in den Umrissen geformt und dann durch Hämmern die Schneide angebracht. Unsere Feilen ersetzt ihnen ein feinkörniger Sandstein oder eine Gneisplatte, an denen die Waffen gewetzt und geschärft werden.

Dem im Handel befindlichen Eisen wird gewöhnlich nicht eine Form gegeben, in der es das gemünzte Geld ersetzt, wie dies z. B. bei den Bongo geschieht. Als Geld könnte man höchstens die großen halbkreisförmigen Eisenbarren betrachten, die sich im Schatz des Königs befinden. Faustgroße Eisenklumpen bilden das Rohmaterial. Die Gewandtheit, mit der der Schmied in kürzester Zeit aus einem solchen Stück Spaten oder Lanzen zu formen weiß, ist außerordentlich.

Ihr Meisterstück sind die feinen Eisenketten, die als Schmuck getragen werden. Nach dem Urteil Sachverständiger haben diese Gebilde einer primitiven Kunst keinen Vergleich mit den Erzeugnissen unserer gewöhnlichen Schmiede zu scheuen.

Fast alle künstlichen Zierrate werden aus Kupfer hergestellt. Am häufigsten findet es in Gestalt meterlang ausgezogener, flach geschlagener Drähte Verwendung, um die Griffe an Säbeln und Messern, die Lanzenschäfte und Bogen zu umwickeln. Lange Halsketten von Kupfer sieht man häufig, und Kupferbeschlag fehlt weder an den aus Büffelhaut geschnittenen Ringen noch an den dicken Gürtelriemen. Vornehme Eingeborene lassen sich eigens aus Kupfer geschmiedete Prunkwaffen anfertigen.

Unglaubliche Mannigfaltigkeit herrscht in den Formen der Lanzen und Pfeilspitzen. Die gleichmäßig angeordneten Widerhaken, Zacken und Dornen, die an ihnen in Menge angebracht zu werden pflegen, sind von tadelloser Vollendung. Alle Klingen, Lanzen- und Pfeilspitzen tragen Blutrinnen. Die Pfeile haben höchstens anderthalb Meter lange Schäfte von Rohrgras und sind am untern Ende mit kleinen Flügelansätzen versehen. Der Bogen hat als Sehne einen Strang aus einfach gespaltenem spanischem Rohr, der an Spannkraft jede Schnur übertrifft. Zum Schutz des Daumens gegen den Rückprall des scharfschneidigen Sehnenstranges ist ein ausgehöhltes Hölzchen angebracht. Der Pfeil gleitet beim Zielen stets zwischen den mittleren Fingern hindurch.

Die Vervollkommnung ihrer Werkzeuge befähigt die Mangbattu auch zu einer größeren Entwicklung der Holzschnitzerei. Sie sind das einzige Volk, das mir in Afrika begegnete, dem der Gebrauch des einschneidigen Messers bekannt ist. Das Holz zum Schnitzen wird in der Regel dem

Stamm einer Rubiazee entnommen. Das Fällen dieser riesigen Bäume, deren Stämme bei einem bis auf ungefähr dreizehn Meter Höhe astfreien und geradlinigen Verlauf eine Dicke von zwei bis zweieinhalb Meter Durchmesser erreichen, geschieht in mühsamer Arbeit mit den hier gebräuchlichen kleinen Beilen. Die Zahl der dazu erforderlichen Hiebe steigt in die Tausende. Dennoch sah ich im Urwald nicht selten Stämme liegen, die wie mit der Säge durchgeschnitten erschienen, was für das vorzügliche Augenmaß dieser »Wilden« spricht.

Schüsseln, Schemel, Pauken, Boote und Schilde bilden den Hauptgegenstand der Holzschnitzerei. Die aus einem einzigen Baumstamm ausgehauenen Boote lassen an Zweckmäßigkeit nichts zu wünschen übrig. Ich sah solche von zehn Meter Länge und über anderthalb Meter Breite, auf denen man ganz bequem Pferde und Rinder hätte übersetzen können. Die großen hölzernen Signalpauken fehlen in keinem Dorf.

Die Schemel, deren Benutzung ausschließlich den Frauen zusteht, sind von unerschöpflicher Mannigfaltigkeit. Aus einem Block geschnitzt, setzt sich der Schemel zusammen aus einer kreisförmigen Sitzscheibe, die etwas ausgehöhlt ist, einem zierlich geschnitzten Fußstiel und dem kreisrunden oder vieleckigen Fuß. Holzschüsseln gibt es in jeder Größe. Die Bänke der Männer werden aus den Blattschäften der Raphiapalme zusammengesetzt. Sie sind bei eineinhalb Meter Länge und entsprechender Breite sehr leicht, sodass ein Träger ohne Anstrengung sechs auf einmal tragen kann; dabei sind sie außerordentlich fest. Bänke, Hauswände und Dächer werden nicht mit Nägeln und Pflöcken verbunden, sondern zusammengenäht, wobei fein gespaltenes spanisches Rohr als Heftmaterial dient.

Lehnen sind an den Sitzen der Mangbattu nicht angebracht, gesondert aufstellbare Krücken bieten einen Ersatz dafür.

Die Schilde werden mit dem Beil aus den dicksten Stämmen gehauen. Sie bilden ein länglich viereckiges, vollkommen ebenes Brett, das nur wenig über einen Zentimeter in der Dicke misst und gewöhnlich zwei Drittel der Körperlänge deckt. Geflochtene Schilde sind hier nicht im Gebrauch.

In der Töpferei übertreffen ihre Erzeugnisse alles von mir bisher Gesehene. Eine durch eingeritzte Linien rau gemachte Oberfläche ersetzt die fehlenden Henkel, gelegentlich sind auch regelmäßig angeordnete Eindrücke vorhanden, die den Fingern zu Griff- und Ruhepunkten dienen sollen. Am meisten Kunst verwenden sie auf die Wasserflaschen. Ihre Formen und Verzierungen verraten eine ungewöhnliche Erfindungsgabe.

Die technische Gewandtheit der Mangbattu bekundet sich vor allem im Häuserbau. Die großen Hallen Munsas haben die Ausmaße kleiner Bahnhöfe und verbinden in vollkommenster Weise leichten, gefälligen Stil mit fester Bauart. Solche Bauwunder entstanden in diesem Land noch vor wenigen Jahren. Professor Schubotz sah 1912 einen Bau dieser Art, der bei hundert Meter Länge fünfzig Meter in der Breite maß und dessen First in der Mitte zwölf Meter Höhe erreichte.

Die Wohnhäuser sind gewöhnlich fünf bis sieben Meter breit und acht bis zehn Meter lang, das Dach springt weit vor. Wasserdicht macht man die Dächer, indem man sie mit Bananenblättern verschalt, auch deckt man sie mit Stroh, Gras oder Rinde. Die Wände sind gewöhnlich zwei Meter hoch, auf allen Seiten geschlossen. Die Bauart der zusammengenähten Dächer und Wände verleiht den Häusern eine außerordentliche Widerstandsfähigkeit gegen die Gewalt der Elemente. Eine bequeme Türöffnung bietet den einzigen Zutritt für Licht und Luft; sie wird durch ein festes, aus einem Stück bestehendes Brett geschlossen. Im Innern befinden sich in der Regel zwei Abteilungen, von denen die hintere als Vorratskammer dient.

17. Die ersten Zwerge.

Die ersten Vertreter der Zwergstämme Zentralafrikas habe ich bei meinem Aufenthalt unter den Mangbattu zu Gesicht bekommen. Schon in der Frühzeit der griechischen Literatur tritt die Sage von den Zwergen, den Pygmäen, auf; bereits Homers Ilias kennt die mit den Kranichen kämpfenden »Ellenmännchen«, und Aristoteles berichtet in bestimmtester Form über Völker von unnatürlich kleinem Wuchs in den Quellgegenden des Nil. Auf meiner Reise begleitete mich überall die Sage von den Zwergen; bei der Nilfahrt, in den Seriben des Bongogebiets, unter den Niamniam stieß ich auf die abenteuerlichsten Erzählungen von Männchen, die nur von Metergröße wären und einen weißen Bart hätten, der bis zu den Knien reiche, und dergleichen. Dass es aber in der Tat eine ganze Reihe von Völkerstämmen gibt, deren durchschnittliche Körpergröße weit unter dem Mittelmaß der bekannten Bewohner von Afrika steht, davon sollte ich mich erst bei Munsa durch den Augenschein überzeugen.

Schon hatte ich mehrere Tage in der Residenz des Mangbattukönigs verlebt, und noch immer waren mir nicht die Zwerge zu Gesicht gekommen; meine Leute aber hatten sie gesehen. Da erscholl eines Vormittags lauter Jubel. Mohammed hatte einige Pygmäen beim König überrascht und schleppte nun ein seltsames Männlein trotz seines Sträubens vor mein Zelt. Es hockte auf Mohammeds Hüfte; ängstlich schreiend klammerte es sich an Mohammed fest und warf scheue Blicke nach allen Seiten. Jetzt saß es vor mir auf meinem Ehrenplatz, zu seiner Seite der Dolmetsch des Königs. Den kleinen Mann zeichnen und ausfragen war nicht leicht. Ihn vorläufig zum Sitzen zu bringen, vermochten nur die von mir eilfertig ausgekramten Geschenke. Er wurde gemessen, gezeichnet, gefüttert, beschenkt und bis zur Erschöpfung ausgefragt.

Sein Name war Adimokú; er war das Haupt einer Familie, die nahe bei der Residenz eine kleine Zwergenansiedlung bildete. Aus seinem eigenen Munde erhielt ich die Bestätigung, dass ihr Volksname »Akka« sei. Sie bewohnten zerstreute Gebiete im Süden der Mangbattu, ungefähr zwischen dem 1. und 2. Grad nördlicher Breite. Ein Teil ist dem Mangbattukönig unterworfen, und dieser hatte auch einige Familien in seiner Nähe angesiedelt.

Schließlich war Adimokus Geduld erschöpft. Er sprang auf, eilte zum Zelt hinaus und wollte entfliehen. Auf vieles Zureden ließ er sich aber bewegen, einige Waffentänze zum besten zu geben. Er war nach Art der Mangbattu gekleidet, mit Lanze, Bogen und Pfeilen bewaffnet, alles im kleinen, denn er hatte nur eine Höhe von anderthalb Metern; es war dies jedenfalls das durchschnittliche Körpermaß. Trotz seines Hängebauches, trotz seiner kurzen Säbelbeine leistete Adimoku, der bereits bejahrt zu sein schien, Unglaubliches an Sprungkraft und Gewandtheit. Seine Sprünge und Gebärden waren von einer Lebhaftigkeit des Gesichtsausdrucks unterstützt, dass alle Anwesenden sich vor Lachen den Bauch halten mussten.

Bereits am folgenden Tag erfreute ich mich des Besuchs von zwei jungen Männern, die ich zeichnete. Nachdem ich ihnen alle Furcht benommen hatte, erhielt ich fast täglich Besuch von Akkas. Auch größere Vertreter fanden sich ein, das Ergebnis einer Vermischung mit Mangbattu, in deren Mitte sie lebten.

Unvergesslich ist mir eine Begegnung, bei der ich mehrere Hunderte von Akkakriegern zu sehen bekam. Mummeri, der Bruder Munsas, dem die Akka zinsbar sind, war von einem siegreichen Feldzug gegen die schwarzen Momfu an das Hoflager gekommen. Ich hatte an jenem Tag einen weiten Ausflug gemacht, auf dem mich meine Niamniam begleiteten. Der Rückweg führte mich durch das Residenzdorf. Ich wusste nichts von Mummeris Ankunft. Da sah ich mich auf dem weiten Freiplatz vor den königlichen Hallen plötzlich von einem Haufen übermütiger Knaben umringt, die zu meinem Empfang ein Scheingefecht auszuführen sich anschickten. »Das sind ja Tikitiki,« riefen meine Niamniam aus, »du glaubst wohl, es seien Kinder; das sind Männer, die zu fechten wissen!«

Munsa hatte mir einen Akka von 15 Jahren geschenkt. Nsewue, so hieß mein kleiner Schützling, war von da ab der tägliche Genosse meiner Mahlzeiten. Ich ließ mir die zahlreichen Unarten und kleinen Teufeleien, die seiner Rasse eigen waren, ohne Murren gefallen. In Chartum kleidete ich ihn aufs sorgfältigste, und er erschien da, mit dem roten Fes auf dem Kopf, wie ein kleiner Pascha.

Die Akka bilden ein Glied in der langen Kette von Zwergvölkern, die, mit allen Zeichen einer Urrasse ausgestattet, sich quer durch Afrika längs des Äquators hin zu erstrecken scheinen.

Der einzige Reisende, der vor mir mit einem Teil dieser Pygmäenrassen in Berührung gekommen war, war der Amerikaner Du Chaillu. Er fand südlich vom Ogowe im westlichen Afrika ein wanderndes Jägervolk, die

Obongo, von denen er eine Anzahl gemessen hat. Seine Beschreibung stimmt vortrefflich zu den Eigentümlichkeiten der Akkarasse. Die kleinsten der erwachsenen Akka, die ich gezeichnet und gemessen habe, waren zwischen 1,24 und 1,34 Meter hoch. Größere als anderthalb Meter hohe glaube ich nicht gesehen zu haben, abgesehen von den Mischlingen.

Die Haut hat die Farbe von schwach gebranntem, gemahlenem Kaffee; es ist die Farbe der südafrikanischen Buschmänner. Haupt- und Barthaar sind schwächlich entwickelt. Die Farbe des Haars entspricht der Körperfarbe; ich vergleiche sie am besten mit Werg. Ein längerer Bartwuchs wurde nicht wahrgenommen, wie ein solcher ja auch den Buschmännern gänzlich zu fehlen scheint.

Was mir an den Akka am meisten in die Augen fiel, waren folgende Merkmale. Ein verhältnismäßig großer runder Kopf saß auf einem vorherrschend schwächlichen und dünnen Hals. In der Schultergegend zeigten sich auffällige Abweichungen von der gewöhnlichen, andern Negervölkern eigenen Gestaltung. Besonders in die Augen fiel das Überwiegen der Länge des Oberkörpers in Verbindung mit langen, dürren Armen. Ein nach oben zu plötzlich und flach verengter Brustkorb, dessen untere Öffnung sich übermäßig erweitert, dient einem wohlgerundeten Hängebauch als Halt, der selbst bejahrten Individuen das Aussehen arabischer und ägyptischer Kinder verleiht. Dem letzteren Merkmal entsprechend war auch eine außerordentlich starke Ausbildung des hintern Körperumrisses zu beobachten.

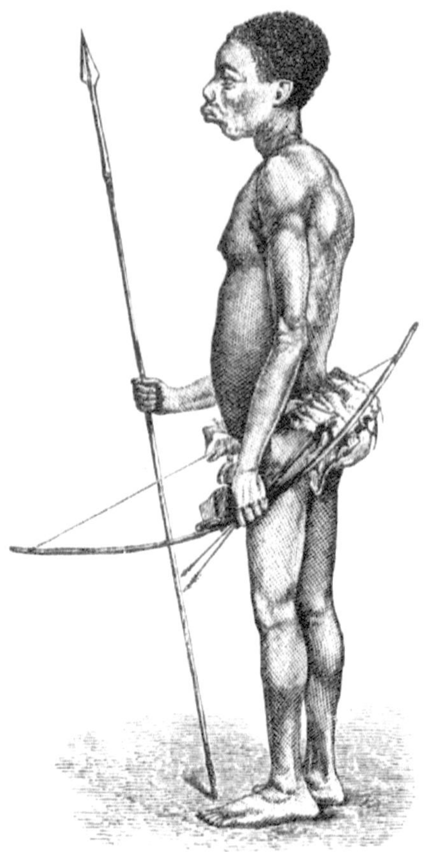

Akka in Jagdausrüstung

An den Gliedmaßen fallen die eckig vorragenden Gelenke, die plumpen, großscheibigen Knie und die einwärts gerichteten Füße auf. Der Gang hat etwas zappelig Watschelndes, jeder Schritt ist von einem Wackeln begleitet. Mein Nsewue war nicht imstande, eine gefüllte Schüssel zu tragen, ohne den Inhalt zu verschütten. Das schönste waren die Hände, die bewundernswerte Zierlichkeit und elegantes Ebenmaß erkennen ließen. Alle Rasseeigentümlichkeiten gipfeln im Bau des Schädels. Als Hauptmerkmale stellen sich folgende heraus: ein hoher Grad von Schiefzahnigkeit, schnauzenartiges Vorspringen der Kiefer, eine breite, der Kugelgestalt sich nähernde Schädelwölbung mit abgerundeten Stirnhöckern.

Alle Nachrichten, die über die Buschmänner vorliegen, stimmen darin überein, dass ihre Augen, die beständig dem Sonnenlicht ausgesetzt sind, sich durch stark zusammengezogene schmale Lidspalten auszeichnen. Dagegen haben die im Waldesschatten aufgewachsenen Akka große breitgespaltene und offene Augen, die ihnen fast ein Vogelaussehen geben. Gegenüber der ganzen Reihe übereinstimmender Merkmale ist dies der einzige sehr auffallende Unterschied zwischen Akka und Buschmännern, der lediglich auf den Einfluss der Lebensweise und auf klimatische Ursachen zurückzuführen ist.

Die welke Beschaffenheit der Haut, wodurch die Buschmänner ausgezeichnet sind, war bei den Akka nirgends zu schauen. Überhaupt erschienen sie nicht in so hohem Grad dürr und mumienhaft, wie es bei den Buschmännern stets hervorgehoben wird. Die Akka waren knochig und eckig an den Gelenken, aber die Haut, die diese umspannte, war nicht runzliger als bei den andern Rassen.

Die Akka sind durch eine auffallend große Ohrmuschel gekennzeichnet. Die zierliche, regelmäßige Form dieses Körperteils bei der Mehrzahl der Bewohner des tropischen Afrika bildet einen ästhetischen Vorzug der viel geschmähten Negerrasse vor der unsrigen. Akka und Buschmänner haben an diesem Vorzug keinen Anteil.

Dem hohen Grad von Schiefzahnigkeit entsprechend ragen die Lippen weit vor, lang und gleichsam schnabelartig geschweift, ohne dass ihre Ränder indes breit umgeschlagen oder wulstig erscheinen, wie dies bei der Negerrasse üblich ist. Eigentümlich ist ihnen die scharfkantige Begrenzung der äußern Lippenränder, die an die spaltförmige Mundbildung der Affen erinnert.

Der wechselvolle Ausdruck des Mienenspiels der Buschmänner macht sich auch bei den Akka in hohem Grad geltend. Dasselbe Hin- und Herziehen der Augenbrauen beim Sprechen, hier noch gehoben durch die außerordentliche Lebhaftigkeit ihrer großen Augen; lebhafte Bewegungen von Hand und Fuß begleiten gleichsam zur Unterstützung ihre unentwickelte Sprache; ununterbrochen wackelt der Kopf.

Nichts weiß ich leider von der Sprache der Akka zu berichten; die wenigen Aufzeichnungen, die ich besaß, habe ich bei dem unheilvollen Brand eingebüßt. Erinnerlich ist mir nur noch das Unartikulierte ihrer Aussprache; die Laute waren mit unsern Schriftzeichen nicht wiederzugeben. Mein Liebling war nicht imstande, im Laufe der anderthalb Jahre, die er bei mir verlebte, soviel Arabisch zu lernen, um sich auch nur notdürftig darin verständlich zu machen, während andere eingeborene Begleiter in wenigen Monaten sich einen bewunderungswürdigen Wortschatz zu eigen machten. Nsewue hat es nie weiter gebracht, als einige Bongophrasen zu lallen, die nur mir und meiner täglichen Umgebung verständlich waren. Ganz ähnlich lauten die Berichte über die Buschmänner.

An Sinnenschärfe, an schlauer, wohlberechneter Gewandtheit sind die Akka den Mangbattu weit überlegen, denn sie sind ein richtiges Jägervolk. Ihre Schlauheit ist meist nur der Ausdruck eines in ihrem innersten Wesen wurzelnden Naturtriebes, der seine Freude an Bosheiten hat. Nsewue machte sich ein besonderes Vergnügen daraus, nächtlicherweile Pfeilschüsse auf Hunde abzugeben; auch quälte er gern Tiere. Als wir uns im Kriege befanden, schien ihm nichts mehr Spaß zu machen als die abgeschnittenen Köpfe der A-Bangba. Ein Jägervolk kann naturgemäß sich auszeichnen in teuflischer Erfindungsgabe, um Fallen zu stellen und dem Wilde Schlingen zu legen.

Das einzige Haustier der Akka ist das Huhn. Ein Mosaikbild aus Pompeji stellt die Pygmäen dar, umgeben von ihren Häuschen und Hüttchen, alles voll Hühner. Woher mochte solche Zusammenstellung der Alten stammen? Die Annahme scheint zulässig, dass Berichte über die Lebensweise der Zwergvölker an den Nilquellenseen schon zu den Griechen und Römern gelangt waren.

Die Akka stehen an Bosheit den Buschmännern nicht im geringsten nach, und von diesen wissen wir, dass alle Südafrikaner ihnen als Wald- und Affenmenschen der gefährlichsten Art Tod und Verderben geschworen haben. Dagegen erfreuen sich die Akka unter der Herrschaft der Mangbattu eines gewissen Schutzes. Sie erscheinen ihren Nachbarn offenbar nicht als gemeinschädliche Unholde, vielmehr spielen sie die Rolle wohlmeinender Heinzelmännchen und verhelfen den Mangbattu zu reicherer Jagdausbeute. Freilich, wenn die Mangbattu wie die Kaffern Vieh besäßen, würden die Akka dieses gewiss ebenso als Jagdbeute betrachten wie die Buschmänner und eine große Freude daran haben, ihre spitzen Pfeile und Lanzen in die breiten Leiber der Kühe zu jagen.

Munsa versieht seine Akka reichlich mit Speisen und Getränken, und Nsewue wusste nicht genug zu rühmen von den stets gefüllten Bierkrügen, dem Bananenwein und den Maiskolben, die seinen Stammesgenossen zugetragen wurden. Jedenfalls ist die Wissenschaft dem Mangbattukönig Dank schuldig dafür, dass er sich dieses kostbaren Restes einer dem Untergang entgegengehenden Urbevölkerung liebreich angenommen und sein Bestehen bis zu der Zeit gesichert hat, in der Innerafrika offen vor unsern Augen liegt.

18. Der Überfall.

Am 12. April 1870 trat ich nach einem Aufenthalt von drei Wochen in Munsas Wohnsitz mit Mohammeds Karawane die Rückreise nach Norden an. Sie verlief zunächst etwas weiter östlich als die Hinreise. Damals hatte ich den Uelle gerade an dem Punkt überschritten, wo er sich aus dem Zusammenfluss des Gadda mit dem Hauptquellfluss, dem Kibali, bildet. Diesmal wurde der Gadda durchfurtet und alsdann der nahe Kibali, der hier nur 102 Meter Breite hat, mit der ganzen Karawane auf Booten überschritten, die auf Munsas Befehl bereitlagen. In drei Stunden war der Übergang glatt erledigt, und der Marsch wurde nordwärts auf dem früheren Wege fortgesetzt. Eingetroffene Meldungen veranlassten aber Mohammed, das Gebiet des in seiner Freundschaft unsicheren Uando ostwärts zu umgehen und zu diesem Zweck auf das linke Ufer des Kibali weiter oberhalb zurückzugehen und Degberras Gebiet zu durchziehen. Am 18. April wurde der hier 400 Meter breite Kibali, der an dieser Stelle von Nilpferden wimmelte, wieder erreicht.

In der Richtung stromaufwärts waren viele mit Gebüsch bedeckte Inseln sichtbar. Der Strom zergliederte sich in zahlreiche Kanäle, die von einer Menge von Riffen und Klippen durchsetzt waren. Das Rauschen des Stroms war weithin zu vernehmen, aber einige der Kanäle schienen doch für die Boote der Eingeborenen befahrbar zu sein. Eilfertig sah man die ungastlichen Bewohner der Inseln hin- und herrudern, und aus dem Dickicht guckten da und dort die spitzen Kegeldächer der Fischerhütten. Die Mangbattu nennen diesen Punkt des Kibali Kissingah, »die Inseln«.

Doch die erwarteten Kähne trafen nicht ein, und in der menschenleeren Gegend waren Lebensmittel nicht zu beschaffen. So wurde beschlossen, zu der alten Reiselinie zurückzukehren. Das breite Wiesenwasser, an dem die Karawane auf der Hinreise eine so unerquickliche Nacht verbracht hatte, bereitete jetzt noch größere Schwierigkeiten. Bäume mussten gefällt werden, um Stege herzustellen, und trotzdem watete man immer noch bis an die Hüften im Schlamm. Es wunderte mich, dass die feindlichen Eingeborenen diesen gefährlichen Punkt nicht zu einem Angriff zu benutzen verstanden.

Kurz vor dem Grenzbach stießen wir auf die schon erwähnte, an einem Baumast angebrachte symbolische Kriegserklärung, bestehend in einem Maiskolben, einer Hühnerfeder und einem Pfeil. Der Bach wurde unter allen Vorsichtsmaßregeln noch ohne Störung überschritten, aber in der nächsten Grassteppe wurden wir der ersten feindlichen Vorposten ansichtig und machten halt. Hin und wieder ein aus dem hohen Grase hervorglänzender Speer, ein schwarzer Wollkopf oder der buschige Federhut eines Niamniam verrieten die Aufstellung der Feinde, die einen weiten Bogen um den Standplatz der Karawane bildeten und in gedeckter, meist völlig versteckter Lage auf dem Boden kauerten. Es kam zu Verhandlungen, die einen günstigen Verlauf zu nehmen schienen. Von gegnerischer Seite wurde friedlicher Durchzug und Stellung von Führern angeboten, ferner die Überlassung des Elfenbeins, das bei unserm Vormarsch, nach Süden zurückgeblieben war. Ich traute der Sache nicht und riet zur Festnahme von Geiseln, Mohammed aber war anderer Meinung und setzte den Marsch fort. Zunächst schien er recht zu behalten. Am Abend wurde die Karawane reichlich mit Lebensmitteln versorgt, und als sie am folgenden Tag weiterzog, standen die Eingeborenen, Männer, Weiber und Kinder durcheinander, in hellen Haufen am Weg, als sei alles im tiefsten Frieden. Und dann kam die Katastrophe!

Ich befand mich wenige hundert Schritt hinter Mohammed, unmittelbar an der Spitze der Trägerkolonne, als mehrere Schüsse anzeigten, dass vorn etwas Ungewöhnliches vorgefallen sein müsse. In demselben Augenblick sah ich zu meiner Rechten Eingeborene mit Windeseile durch die Steppe fortstürzen. Sofort wurde auf die Fliehenden das Feuer eröffnet. Gleich darauf sah ich, wie Mohammed, von seinen Leuten getragen, mir entgegenkam; ein breiter Blutstreifen zog sich über seine weiße Schärpe, am Weg lagen die zwei kleinen Gewehrträger, die um ihn waren, von Lanzen durchbohrt. Wimmernd wälzten sie sich auf der Erde. Ich schnitt Mohammed mit meinem Messer die Kleider durch und konnte fast augenblicklich die große Wunde zusammenheften, die ihm ein Lanzenwurf in die Lenden gerissen hatte. Auch frisches Trinkwasser war zur Hand, und der feine Musselin des Turbans Mohammeds lieferte das Material zum Waschen und Verbinden. Sechs der stärksten Insektennadeln durch die frischen Wundränder gebohrt und mit Garn umwickelt nähten diese so vollständig aneinander, dass sie rasch zusammenheilten.

Wie war es dazu gekommen? Einer der Niamniamführer hatte, als er sich gerade zwischen Mohammed und seinen Gewehrträgern befand, urplötzlich die Lanze erhoben und sie auf Mohammed geschleudert. Im gleichen Augenblick waren seine Hintermänner über die beiden Gewehrträger hergefallen. Mohammed hatte eine Wendung nach der Seite gemacht, die ihm das Leben rettete. Die gewaltige Lanze, deren Spitze fast einen halben Meter maß, saß tief in seinem Fleisch, aber er hatte sie beherzt sofort aus der Seite gerissen, dann erst war er bewusstlos zu Boden gesunken. Das Herausreißen der mit zolllangen Widerhaken versehenen Lanze hatte die Verletzung auf das Doppelte vergrößert. Die Wunde war so breit und tief, dass man die ganze Hand hineinlegen konnte.

Die nächsten aus dem bewaffneten Gefolge Mohammeds hatten sofort das Feuer auf die nach allen Seiten auseinanderstiebenden Eingeborenen eröffnet. Nun ging die Hetzjagd nach allen Richtungen vor sich, und auf der ganzen Linie unseres Zuges knatterten die Gewehre, während ich mit dem Verbinden der Wunde beschäftigt war.

Die Kolonnen sammelten sich auf dem Platz, wo wir uns gerade befanden. Nun war von selbst das Signal zum Plündern gegeben. Sofort waren alle Gaffer vom Weg verschwunden; hier und da verfolgten die Nubier Weiber und Kinder, um sich Beute an Sklaven zu verschaffen. Ich bemerkte aber nur geringen Erfolg. Manch schuldloses Opfer deckte das Hochgras und entzog mir den scheußlichen Anblick der Sterbenden.

Es währte keine halbe Stunde, da brannten alle Dörfer und Gehöfte im weiten Umkreis. Eilig wurden die reichen Vorräte der Kornkammern zusammengerafft und an unserm Sammelplatz zu hohen Haufen aufgetürmt. Das flüchtig angelegte Lager wurde mit einem wehrhaften Verhau umgeben; das Holz dazu lieferten die zahlreichen Wohnhütten der Nachbarschaft. Dem verwundeten Anführer wurden als Siegeszeichen abgeschnittene A-Bangbaköpfe zu Füßen gelegt.

Der Platz, an dem sich diese Vorgänge ereignet hatten, lag auf Büchsenschussweite vom Rand der Uferdickichte entfernt. Tief eingesenkt floss dahinter ein wasserreicher Bach. Auf dem jenseitigen Gesenke lagen eine Menge kleiner Weiler zerstreut, dazwischen bewegten sich große Haufen Bewaffneter. Ein Teil der Nubier hatte sich zusammengetan, um den Übergang über den Bach zu erzwingen, dessen Dschungeln voll Eingeborener staken.

Ich begleitete die Angreifenden eine Strecke weit. Die A-Bangba, deren Tracht und Kriegsrüstung ganz der der Mangbattu glich, verrieten sich von weitem leicht durch die großen viereckigen Holzschilde. Sie hüpften hinter den Büschen umher, beständig in gebückter, schleichender Haltung, und schossen gelegentlich ihre Pfeile ab.

Am Waldesrand, wo sich der Eingang zum Pfad öffnete, hielten einige der Beherztesten festen Stand, sie schwangen die Lanzen und schüttelten trotzig den Federbusch. Dazu erscholl aus der Tiefe des Dickichts heiserer Schlachtruf. Von der andern Seite des Tals dröhnte der Klang der Kriegspauken herüber. Einer der A-Bangba sprang den Nubiern entgegen und hielt auf kurze Entfernung eine Anrede, die sich aus den Schimpfworten seiner Sprache zusammensetzte. Schild und Brust wurden von einer Kugel durchbohrt, und lautlos stürzte der Mann zu Boden. Als die Leute auch den zweiten aus ihrer Mitte fallen sahen, machten sie kehrt und verschwanden im Waldesdunkel. Diesen Augenblick benutzten die Nubier, um in schnellem Lauf das andere Ufer zu gewinnen, wo sie widerstandslos in die Gehöfte eindringen konnten. Dabei feuerten sie beständig in die Luft. Ich selbst nahm an diesem Scharmützel nicht den geringsten Anteil.

Gegen Sonnenuntergang war weit und breit die Gegend von Feinden gesäubert, und von allen Seiten her kehrten die Träger zurück, reich beladen mit Beute an allem möglichen Essbaren, das die Dörfer dargeboten hatten. Zahlreiche Wachen und lodernde Feuer sorgten für die nächtliche Sicherheit und Ruhe, die nur durch vereinzelte Schüsse unterbrochen wurde. Auf unserer Seite war kein Verlust an Toten zu beklagen außer den beiden Gewehrträgern Mohammeds und einigen Trägern der Bongo, die als berufsmäßige Plünderer die verlassenen Weiler durchstöbert und sich zu weit vorgewagt hatten. Zwei Nubier hatten schwere Lanzenwürfe erhalten und mussten ins Lager zurückgetragen werden.

Unter den Eingeborenen war die Ansicht verbreitet, Mohammed sei einer tödlichen Verwundung erlegen. Um ihrem Übermut einen Dämpfer aufzusetzen, ließ sich Mohammed einen festen Verband anlegen und bestieg den nächsten Termitenhügel, von dessen Spitze seine Gestalt weithin sichtbar wurde. Wohl eine Viertelstunde lang rief er, den Säbel schwingend: »Seht, da bin ich, es fällt mir nicht ein zu sterben, kommt nur heran!« Dann stimmte er ihren kannibalischen Schlachtruf an: »Puschio, puschio« (Fleisch, Fleisch), alles in der Sprache der Niamniam, die ihm ziemlich geläufig war. Um die Feinde noch mehr von dem Wohlbefinden des Anführers zu überzeugen, wurde ein Ausfall unternommen, an dessen Spitze Mohammeds Neffe in des Onkels vollem Staat weit nach Norden drang, ohne irgendwo handgemein werden zu können.

Mohammed zeigt sich seinen Feinden

Den folgenden Tag verbrachte ich in meinem Zelt mit den Vorbereitungen, die der Krieg erheischte.

Als es zu dunkeln begann, wurden wir durch das Erscheinen großer Haufen von Eingeborenen alarmiert. Sie brachen nicht aus dem Waldesdunkel zu unsern Füßen hervor, sondern kamen von Süden. Die Hälfte unserer mit Feuerwaffen versehenen Mannschaft rückte in geschlossener Linie ins Freie und eröffnete mit vollen Salven den Kampf aus nächster Entfernung. Sofort lagen fünf Tote am Boden. Wiederum verringerten zwei schwere Verwundungen durch Lanzen die Zahl unserer Kämpfer. Unsere Träger waren vor dem Aufbruch von Munsas Residenz sämtlich mit neuen Waffen ausgerüstet worden. Hierdurch allein konnte unser kleines Korps standhalten gegen die große Übermacht, die ich auf mindestens 10000 Krieger schätzte. Das Kampffeld war mit weggeworfenen Schilden, Lanzen und Rindenzeugen bedeckt. Es ist sogar vorgekommen, dass Fliehende ihren Haarwulst als hinderlich von sich warfen. Dergleichen Beute wurde von unsern Negern im Triumph zurückgebracht, die Haarwülste hoch auf der Spitze einer Lanze schwingend, was allgemeine Heiterkeit erregte. An dem Angriff dieses Tages waren nur A-Bangba beteiligt, eigentliche Niamniam waren noch nicht erschienen. Wir erwarteten aber für den dritten Tag die Ankunft des Uando mit allen seinen Kriegern. Die Verfolger kehrten erst um Mitternacht zurück; sie hatten alle Dörfer verlassen gefunden. Die dort aufgehäuften Vorräte konnten uns einen vollen Monat hindurch Unterhalt gewähren.

In der Frühe wurde die Hälfte unserer Bewaffneten nordwärts entsandt, um den Bewegungen Uandos zuvorzukommen. Zwei Stunden nach ihrem Aufbruch sah man auf der Höhe des jenseitigen Talhanges bewaffnete Eingeborene in endlosen Reihen auf den Steppenpfaden entlangziehen, die nur im Gänsemarsch begangen werden können. An den großen viereckigen Schilden konnte man die A-Bangba erkennen. Niedrig geschätzt mussten es an 12 000 Mann sein. Alles wurde klar, als die Soldaten von ihrem Plünderzug zurückkehrten. Sie brachten die Nachricht, die versammelte Streitmacht der A-Bangba habe ihre Stellung beim Heranrücken der Unsrigen geräumt. Aus Zwiegesprächen zwischen den beiderseitigen Vorposten erfuhren wir, dass die A-Bangba bitter über Uando klagten, der sie im Stich gelassen habe, nachdem er sie selbst zum Überfall angereizt hätte. Der ungünstige Ausfall des bei Kampfbeginn befragten Hühnerorakels habe Uando veranlasst, sich in die unzugänglichsten Wälder seines Gebiets zu flüchten.

Als der Morgen des vierten Tags anbrach, waren nirgends mehr Feinde zu erblicken. Die nubischen Söldner hatten sich durchaus nicht bewährt, weder durch Mut, noch was Ausdauer und Selbstverleugnung betraf. Die Hauptaufgabe war immer den Faruch, den schwarzen Soldaten, zugefallen; sie waren auch die bessern Schützen.

Obgleich ich Mohammed vor der Gefahr des Aufbrechens der ohne jede Eiterung geschlossenen Wundränder warnte, bestand er auf dem Entschluss, in einer Tragbahre die Wanderung durch das feindselige Land fortzusetzen. Die Heilung verzögerte sich infolgedessen um vierzehn Tage.

Mit Sonnenaufgang des fünften Tages unseres Verweilens an diesem ungastlichen Platz befand sich die ganze Karawane in vollem Aufbruch. Das Lager wurde verbrannt, und große Haufen von Korn, Sesam und Erdnüssen mussten im Stich gelassen werden. Schweren Herzens trennten sich unsere Träger von den Schätzen, da wir nun in ungebahnten Wildnissen neuen Entbehrungen entgegengingen.

Die Bäche wurden nun immer mit großer Vorsicht überschritten. Unsere Kolonnen mussten nur einmal einen Pfeilhagel über sich ergehen lassen, als der Weg am Rand eines Galeriewaldes entlangführte. Der unsichtbare Feind sah indes von jedem weitern Angriff ab, als volle Salven in die Büsche hineinkrachten. Hinter dem dritten Bach stießen wir auf Weiler. Die Bongosoldaten ließen hier ihrer Zerstörungslust freien Spielraum, indem sie alle Maisstauden umhieben. Hierzuland wird eben nicht nur geraubt und geplündert, sondern auch zerstört und verwüstet, gerade wie bei uns in Europa – Krieg bleibt Krieg.

Als man die verlassenen Hütten zu durchstöbern begann, fand sich eine Anzahl wertvoller Elefantenzähne, an denen die eingeschnittenen Eigentumsmarken verrieten, dass sie von Mohammed bereits bei Uando eingekauft, aber nachträglich vom Häuptling verschenkt worden waren. Zwei Niamniamfrauen fielen in die Hände des Vortrabs. Sie verhielten sich sehr ruhig und gleichgültig. In der Nacht aber erschollen im Walde verzweifelte Stimmen der Niamniam, die nach ihren verloren gegangenen Weibern riefen.

Unsere eigenen Niamniam, denen die Gegend nur wenig bekannt war – eigentliche Führer standen uns nicht mehr zu Gebote –, hatten uns törichterweise veranlasst, die zuerst eingeschlagene Richtung wieder aufzugeben. Schließlich stellte sich heraus, dass wir gerade zu dem Platz gelangen mussten, wo wir zuletzt Uando angetroffen. Wir hatten uns bereits bis auf sechs Kilometer dem Wohnsitz des Häuptlings genähert. Dieser hatte zwar seine »Mbanga« verlassen, es handelte sich aber für uns hauptsächlich darum, dass Uandos Gebiet möglichst weit umgangen werde. Eine geraume Strecke wurde daher der Pfad wieder zurückverfolgt.

In einer mit Feldern und vielen Wohnstätten bedeckten Gegend gelangten wir an die Ufer des Mbruole.

Die stundenweit als Vortrab umherschwärmenden Faruch hatten bereits den halben Bezirk abgesucht und neue Beute gewonnen. Eine junge Frau war in ihre Hände gefallen, die uns Führerdienste leistete und ruhig und gelassen jede Auskunft gab.

Der Mbruole war an dieser Stelle nur ein Galeriebach von dem üblichen Aussehen. Wir überschritten ihn und nahmen von den Hütten am jenseitigen Ufer Besitz. Eines nächtlichen Überfalls gewärtig zog ich es vor, mein Zelt inmitten der Hütten zu errichten und in der Nacht eine Lampe brennen zu lassen. Infolgedessen diente das Zelt den Pfeilen, die aus dem Wald kamen, zur Zielscheibe. Es war nämlich während der Nacht längs der ganzen Kette unserer Vorposten von den Eingeborenen geplänkelt worden, was ein fortwährendes Schießen von unserer Seite nach sich zog.

Um wieder auf den richtigen Weg zu kommen, mussten wir über den Mbruole zurück und an seinem Ufer zwei Stunden westwärts marschieren, dann erst wurde der Fluss von neuem überschritten und nach Norden weitergezogen. Wir lagerten bei verlassenen Weilern der Niamniam, die in dieser Richtung die nächsten Grenznachbarn der Gebiete Mohammeds waren. Auch hier war eine Treibjagd auf die überfallenen Eingeborenen vorangegangen, bevor wir mit dem Haupttrupp anlangten.

Eine zehnstündige Strecke fast ununterbrochener Grenzwaldung trennte uns noch von der Seriba Mohammeds, die uns Sicherheit bieten sollte. Nun wurde der nächste Weg dahin eingeschlagen, und in nördlicher Richtung kamen wir an den Linduku, den Nebenfluss des Jubbo, der noch dem Nilsystem zugehört und vor den übrigen Flüssen in dieser Gegend durch seine östliche Stromrichtung ausgezeichnet ist.

Schwimmend gelangte ich über das schmale, aber wasserreiche Flüsschen, während die Träger das Gepäck auf Baumstämmen hinüberschafften, die von Ufer zu Ufer geworfen waren. Der Jubbo aber war so angeschwollen, dass er nicht mehr durchwatet werden konnte. In aller Eile mussten Grasflöße hergestellt werden.

Der allgemeine Sammelplatz der Karawane war an der Stelle, wo wir unser erstes Nachtlager vom 26. Februar nach dem Aufbruch aus Mohammeds großer Seriba Ssurrur gehabt hatten. Hier wollte Mohammed eine neue Seriba gründen, da die alten Baulichkeiten schadhaft geworden waren und diese Lage zur Verteidigung gegen die Feinde im Westen und Süden geeigneter erschien. Außer Uando hatte er nämlich auf dieser Seite noch dessen Bruder Mbio zu bekämpfen, und ein vereinigter Angriff beider hätte Mohammeds Besitzungen in nicht geringe Gefahr bringen können. Ihr vorzubeugen sollte zunächst ein Kriegszug gegen Mbio unternommen werden. Bis zur Beendigung dieser Unternehmung hatte ich die Aufgabe, mit den kampfunfähigen Soldaten Mohammeds und den wenigen Getreuen seines Haushalts den Platz in halten.

Nach den Anstrengungen der Wanderung gönnte ich mir vom 1. Mai 1870 an einige Wochen gemächlichen Lagerlebens. Der Platz, auf dem wir, umwogt von einer Fülle großlaubiger Gewächse, in unsern versteckten Grasnestern saßen, hatte etwas Zutrauliches und Wohnliches. Die Luft war mild, und man atmete den würzigen Hauch der Blätter wie nach erquickendem Gewitterregen. Der Wiederbeginn des Regens hatte neues Leben ersprießen lassen. Nach Herzenslust schlenderte ich durch die Gebüsche und bereicherte meine Sammlungen. Mohammed war inzwischen mit dem Bau seines Pfahlwerks beschäftigt, zu dem Hunderte von Eingeborenen die Baumstämme zusammenschleppen mussten: Die neue Seriba, ein Palisadenviereck von hundert Schritt im Geviert, konnte bereits am fünften Tag von den kriegsmüden und verwundeten Soldaten bezogen werden. Die alte Seriba war inzwischen geräumt worden, und als Mohammed aufbrach, zog ich es vor, an diesem ruhigen Platz mein Standquartier aufzuschlagen.

Ein arger Störenfried in diesem Idyll war der Hunger; die Vorräte waren erschöpft. Vor zwanzig Tagen durfte ich auf die Rückkehr Mohammeds nicht rechnen, und da die zurückgelassenen Lebensmittel äußerst knapp bemessen waren, musste eine genaue Einteilung vorgenommen werden. Meine täglichen Rationen bestanden in einem kümmerlichen Huhn und einem Fladen von bitterem Eleusinebrot. Für die Jagd schien die Jahreszeit sehr ungünstig, außerdem waren wir der Gefahr eines feindlichen Handstreichs ausgesetzt. Es hieß, beständig auf der Hut sein.

Ein Rätsel ist es mir geblieben, womit die Bongo, unsere Träger, während dieser Zeit ihr Leben gefristet haben. Jedenfalls besaßen sie eine große Gewandtheit, sich aus dem Wald allerhand Essbares zu verschaffen. Auch ich griff zu manchem Mittel, das mir die Wildnis darbot, um meine Küchenvorräte zu ergänzen. Auf dem Freiplatz der alten Seriba erhob sich ein großer alter Termitenbau; dieser wurde in jeder Nacht, die auf einen starken Regen folgte, zu einer unerschöpflichen Fundgrube für die allgemeine Küche. Es wimmelte immer von vielen Tausenden ausgeschlüpfter Termiten, die man mit geringer Mühe scheffelweise auflesen konnte. Sie gehörten der fettleibigen geflügelten Klasse der männlichen Tiere an. Sobald sie aus dem Bau gekommen sind, sammeln sie sich nach kurzem Schwärmen in dichten Haufen um den Fuß den Hügels und brechen sich die Flügel ab, die nur ein wenig nach vorn gerichtet zu werden brauchen, um sofort abzugliedern und den unbeholfenen Leib auf der Erde zurückzulassen. Mit brennenden Strohbündeln bringt man die noch nahe am Bau Umherschwärmenden leicht zum Fall; es regnet dann förmlich Termiten, sodass in kurzer Zeit große Körbe gefüllt werden können. Ich habe sie nicht selten, mit rohem Korn gemischt, handvollweise verspeist, als wären es Mandeln.

19. Ein luftiger Flussübergang.

Da die Rückkehr Mohammeds sich verzögerte, trat ich am 21. Mai einen zehntägigen Streifzug nach Osten an, der durch eine abwechselnd wellenförmige und dann wieder von vielen Schluchten durchfurchte Gegend führte. Mit dem Hungerleiden war es vorbei. In den kleineren Niederlassungen Mohammeds fand ich gute Aufnahme, und die Jagd lieferte eine Menge Geflügel. An Mühseligkeiten fehlte es allerdings nicht. Bei Durchquerung einer Sumpfniederung, die in ihrer ganzen Breite von 700 Metern von einem einzigen, halb schwimmenden Papyrusdickicht eingenommen wurde, fiel ich in eine durch Sumpfgras verdeckte Lache. Über und über besudelt von schwarzem Humusmoder musste ich herausgefischt werden. Von der letzten Niederlassung aus, der Seriba Tuhami, bis zu der ich östlich vordrang, bestieg ich den 15 Kilometer entfernten Baginse, eine Bergmasse von 400 Metern Höhe über dem Land. Er ist weithin sichtbar mit seinen gewaltigen Wänden, die ihn wie eine Insel aus der flachen Gegend emporsteigen lassen. Auf halbem Weg kam ich zu einem stark strömenden Bach, dessen Ufer einen tiefen Riss in dem Gestein bildeten; es war der Ursprung des Djur, die tritt ? wirkliche Quelle eines der Hauptzuflüsse des oberen Nil, zu der je ein europäischer Reisender vorgedrungen war.

Vom Gipfel des Baginse hatte ich eine prachtvolle Fernsicht auf ein Gebirgsland, dessen Meereshöhe ich auf 1300-1600 Meter schätzte. Der massige, ringsum frei stehende, auf allen Seiten von Wind und Wetter benagte Berg, der höchste, zu dem mich meine ganze Reise geführt hatte, erschien mir wie ein Überrest der hohen Gebirge, die in Urzeiten das südwestliche Nilgebiet begrenzt haben müssen.

Bei dieser Gelegenheit war ich unwissentlich einer großen Gefahr entgangen. Wenige Tage nach meiner Abreise überfiel der benachbarte Stamm der Babuckur, der beständigen Raubzüge der Nubier müde, die Seriba Tuhami. Die Babuckur verbrannten die Niederlassung, und nur wenige ihrer Bedrücker entkamen. Ich selbst aber langte am 1. Juni wohlbehalten wieder in der Seriba Ssurrur an. Bald darauf kehrte auch Mohammed nach schweren aber erfolgreichen Kämpfen mit einem Teil des verloren gegangenen Elfenbeins zurück. Er ließ dann große Scharen botmäßiger Niamniam einen der gewöhnlichen Beutezüge in dem Sumpfgebiet der Babuckur unternehmen, um die hungernde Karawane mit neuen Kornvorräten zu versehen. Unter ihrer Führung war es zu argen Schandtaten gekommen. Eingeborene brachten mir mehrere Menschenschädel in frisch gekochtem Zustand, und vor einer Hütte sah ich einmal das neugeborene Kind einer fortgeschleppten Sklavin in den letzten Zügen. Erbarmungslos ließ man es solange liegen, bis es verendet sein würde, um dann in den Kochtopf gesteckt zu werden. Ich hätte die dabeisitzende Frau auf dem Fleck totschießen mögen, aber besann mich noch zur rechten Zeit auf den Wahrspruch der Nubier, den sie in ähnlichen Fällen anzuwenden pflegten: sie seien nicht als Sittenrichter ins Land gekommen. Für mich galt das in noch höherem Grade. Und welchen Zweck hätte auch mein einmaliges Einschreiten gehabt? Da fänden Missionare ein fruchtbares Feld für segensreiche Tätigkeit, aber entsagungsvolle, selbstverleugnungsfähige Männer müssten es sein.

Am 11. Juni wurde der Rückmarsch nach Norden fortgesetzt. Wiederholt hat sich auf dieser Strecke die Karawane geteilt. Zuerst kam eine Hiobspost von der Streitmacht, die mit der Ghattasschen Gesellschaft nach Westen geschickt war. Sie war beim Übergang über einen Waldbach von drei Häuptlingen der Niamniam überfallen worden. Gleich der erste Lanzenangriff bedeckte den Platz mit Toten und Verwundeten. Der größte Teil des Gepäcks ging verloren. Eine rasch errichtete Verschanzung wurde drei Tage lang wütend bestürmt. Als die Lanzen verbraucht waren, schleuderten die Feinde mit gewaltiger Wucht zugespitzte Pfähle. Ein Drittel der Soldaten war kampfunfähig gemacht worden, und nur unter Zurücklassung des Elfenbeins gelang es ihnen, nach sechstägiger Einschließung zu entkommen, noch bevor Mohammed mit einer starken Entsatzkolonne zu Hilfe eilen konnte.

Am 24. Juni 1870 galt es, den wasserreichen Tondjfluss zu überschreiten, mit dem das Gebiet der Niamniam verlassen wurde. Mohammed hatte Boten vorausgeschickt, um die Ankunft der Karawane zu melden, damit Zeit gewonnen wurde, die zum Übergang über den Fluss erforderliche Brücke zu schlagen. In der Tat waren, als wir anlangten, die Arbeiten längst vollendet. Eine Hängebrücke höchst eigentümlicher Art spannte sich über das reißende, tiefe Gewässer. Mit Benutzung einiger starker Uferbäume waren Taue über den Fluss gespannt worden. Durch Querhölzer miteinander verbunden gaben sie einen mehr als luftigen Steg ab, der höchst gefährlich hin- und herschaukelte und mir den Übergang fast nur kriechend ermöglichte. Der Baustoff, aus dem die Hängebrücke hergestellt war, bestand ausschließlich aus den Reben von wildem Wein, die zu dicken Tauen von unvergleichlicher Festigkeit und Spannkraft zusammengeschlungen waren. Um die für die Spannung erforderliche Höhe zu gewinnen, war auf beiden Seiten ein Gerüst aus umgestürzten

Bäumen errichtet worden, das zu den als Brückenpfeilern dienenden großen Bäumen hinaufführte. Es war ein verzweifeltes Klettern von Ast zu Ast auf diesem verworrenen Bauwerk, und nur die Gewandtheit eines Waldmenschen schien befähigt, solche Hindernisse zu überwinden.

Hängebrücke über den Tondj

Nach Überschreitung des Tondj am 24. Juni ließ Mohammed den Haupttrupp der Soldaten und Träger weiter nordwärts marschieren, während er selbst einen Abstecher nach Osten unternahm, um an den Grenzen seines Mittugebiets die dort aufgestapelten Elfenbeinvorräte abzuholen.

Ich schloss mich ihm mit dem unentbehrlichsten Gepäck an. Der Weg führte über zahlreiche Bäche, dazwischen durch ein schräg abfallendes Gelände, dessen Landschaft im Vergleich zu den früheren parkähnlichen Waldgebieten ein neuartiges Aussehen darbot. Viele Kilometer weit schweifte der Blick über baumfreie Steppenflächen, die ab und zu von undurchdringlichen Bambusdschungeln unterbrochen waren. Recht ergiebig war die Jagd. In der Seriba Mbomo, 39 Kilometer vom Punkt des Übergangs über den Tondj, konnte ich genauere Nachrichten über das Volk der Babuckur einziehen, deren östliche Hälfte, auf ein Gebiet von 1200 Quadratkilometern zusammengedrängt, sich gegen die Raubzüge der Chartumer Händler sowie der Niamniamhäuptlinge kräftig gewehrt hat. Sie sind ein Volk von typischer Negerrasse und sehr dunkler Hautfarbe. In die Enge getrieben, wehren sie sich bis aufs äußerste, und da der Kannibalismus unter ihnen ganz allgemein sein soll, begnügen sich die Eindringlinge gewöhnlich mit flüchtig aufgegriffener Beute. Die Babuckur haben eine unangenehme, ausdruckslose Gesichtsbildung. Die Frauen sind in der Regel ein Ausbund von Hässlichkeit und entstellen ihre unregelmäßigen Züge noch durch künstliche Mittel in einem Grad, der alles bisher Gesehene in den Schatten stellt. Die verheirateten Frauen durchbohren Ober- und Unterlippe, sowie die Ränder der Ohrmuschel und stecken zweieinhalb Zentimeter lange Grashalme durch die zahlreichen Löcher; auch die Nasenflügel werden in ähnlicher Weise behandelt.

In Mbomo trennte ich mich von Mohammed, der noch andere Seriben besichtigen wollte, und schlug mit wenigen Begleitern den nächsten Weg nach Mohammeds Hauptstützpunkt, der Seriba Ssabbi, ein.

Am zweiten Tag des Marsches durch menschenleere Waldeinöde hatte ich ein höchst unangenehmes Erlebnis beim Übergang über einen breiten reißenden Bach. Während meine Leute über eine schnell hergestellte Brücke schritten, stieg ich ins Wasser, um der mir lästigen Kletterei zu entgehen. Mit wenigen Schwimmstößen gedachte ich drüben zu sein. Aber auf halbem Weg fühlte ich mich an allen Gliedern aufs schmerzhafteste gepackt: ich war an einem vom Bach überschwemmten Dornbusch von Mimosa gestrandet! Schwimmen musste ich um jeden Preis, so riss ich mich verzweifelt los und erreichte schließlich, aus hundert Kratzwunden blutend, das Trockene. Es war mir zumute, als hätte ich mich am ganzen Leib schröpfen lassen. An teuflischer Erfindungsgabe wäre ein mittelalterlicher Folterapparat durch diese Mimosa beschämt worden. Ihre Blättchen, genau wie die der schamhaften Sinnpflanze, sind in hohem Grad empfindlich und legen sich bei jeder Berührung scheu zusammen, sind aber voller Widerhaken.

Einer der nächsten Tage brachte eine neue sehr bedenkliche Begegnung. In dichter Buschwaldung glaubte ich einen schwarzen Baumstamm vor mir zu sehen. Plötzlich beginnt die dunkle Masse sich zu bewegen, auf kaum zehn Schritt werden zwei breite Hörner sichtbar. Ohne lange Überlegung schieße ich, aber in demselben Augenblick saust es wie ein schweres Wetter an mir vorüber. Es war in dicht gedrängter Masse ein Trupp von zwanzig grunzenden Büffeln, die Schwänze hoch in der Luft. Rauschend, krachend wie ein Felssturz aus Bergeshöhe schoss er dahin.

Verschwunden waren die Büffel, aber fernhin rollte der Donner ihrer Hufschläge.

Eines meiner Nachtlager ist mir durch einen Umstand in Erinnerung geblieben, der anzeigt, dass jene undurchdringlichen Wälder doch beständig von jagenden Eingeborenen durchstreift werden. Beim eiligen Aufbruch in der Frühe war in meiner Grashütte ein zum Trocknen aufgehängtes Paar Stiefel vergessen worden. Ein solcher Verlust wäre für mich unersetzlich gewesen, und Boten mussten zu der Stelle zurück, als nach einigen Tagen die Stiefel vermisst worden waren. Mittlerweile hatten Landstreicher rätselhafter Art die verlassenen Hütten einer genaueren Durchsicht unterzogen, und längst hatte das scharfe Auge des Jägers den seltsamen Fund erspäht. Die Stiefel hingen noch immer am alten Fleck, aber die kleinen Messingringe in den Schnürlöchern waren behutsam aus dem Leder entfernt. Ein ungeahntes Schicksal war ihnen beschieden; sie sollten dereinst an Ohr oder Nase einer schwarzen Schönen erglänzen.

Am 3. Juli war ich wieder in der Seriba Ssabbi, dem Ausgangspunkt der großen Südreise. Ich zähle diese Reise zu den angenehmsten und glücklichsten Entdeckungszügen, die je in einem so entlegenen Teil Afrikas unternommen worden sind. Sie war angenehm infolge meiner tadellosen Gesundheit und des ausgezeichneten Klimas des Niamniamlandes, glücklich durch die Gunst der äußern Verhältnisse. Sie hatte 156 Tage gedauert; die zurückgelegte Wegstrecke betrug, von den kleineren Biegungen abgesehen, volle 1100 Kilometer. Dabei waren die Tagemärsche oft von einer Kürze gewesen, die mich in Verzweiflung bringen konnte; an eigentlicher Marschdauer hatte, dem Tagebuch zufolge, die ganze Reise 248 Wegstunden erfordert.

In Ssabbi hielt ich nach den Gewaltmärschen der letzten Tagereisen kurze Rast. Ich erhielt hier ein dickes Paket Briefe und verbrachte die ungewohnte Muße im angenehmen Lesen der angehäuften Briefschaften. Hier ging mir auch die erste Kunde zu von dem Versuch der ägyptischen Regierung, im Gebiet des Bahr-el-Ghasal festen Fuß zu fassen. Kutschuk-Ali, ein bald darauf gestorbener Chartumer Elfenbeinhändler türkischen Ursprungs, war vom Generalgouverneur an die Spitze von zwei Kompanien Regierungstruppen gestellt worden. Ihr Erscheinen rief große Bestürzung hervor; alle Seriben wurden nun für Regierungseigentum erklärt, der Handel im Gesamtgebiet des oberen Nil verstaatlicht. An Stelle kaufmännischer Verwalter traten Militärpersonen, und die privaten Söldnerbanden wurden der Sudanarmee einverleibt. Darüber ist es bald zu blutigen Streitigkeiten und später zu einem sehr ernsthaften Krieg der Regierung mit den Sklavenhändlern gekommen.

Die Erholungspause beschränkte sich auf fünf Tage. Mohammed war nicht eingetroffen, er sammelte bei seinen Mittu immer noch zwangsweise Kornvorräte. Inzwischen herrschte in Ssabbi bittere Not, und schon am 8. Juli musste ich mit frischen Trägern, aber ohne Proviant aufbrechen. Die Träger haben in den nun folgenden anstrengenden Tagen Unglaubliches geleistet, denn die auf dem Wege liegenden Seriben waren ebenso ausgehungert wie Ssabbi. Diese Leute lebten auf der ganzen fünftägigen Reise ausschließlich von wilden Wurzeln und Knollen, die sie im Wald ausgruben. Erst am Morgen des letzten Marschtages kam Hilfe, indem ihnen Körbe mit Getreide entgegengeschickt wurden. Gierig fielen die Träger darüber her und verzehrten die Körner ungekocht, indem sie sich diese handvollweise in den Mund stopften. Dann folgte, am 12. Juli, ein schwieriger Übergang über den mächtig angeschwollenen Tondj, der weit in das anliegende Gelände ausgetreten war. Über den Fluss selbst kam die Karawane nach und nach unter Anwendung aller Vorsicht auf einem gebrechlichen aus Grasbündeln bestehenden Floß. Am Abend des 13. Juli wurden die ersten Hütten der Seriba Ghattas erreicht. Damit war ich, nach einer Abwesenheit von acht Monaten, wieder glücklich in meinem alten Standquartier angelangt.

20. Der unglücklichste Tag meines Lebens.

Fast den ganzen Rest des Jahres 1870, über fünf Monate, habe ich in der Seriba Ghattas verbracht, eine Zeit ruhiger Arbeit, die nur zweimal durch kleine Ausflüge unterbrochen wurde. Der Reiseplan, auf Grund dessen die Berliner Akademie der Wissenschaften die Mittel bewilligt hatte, war durchgeführt, aber ich trug mich mit dem Plan einer zweiten Reise in das Niamniamland, deren Verwirklichung mir das Eintreffen neuer Vorräte ermöglichen sollte. Ich konnte jetzt die mir bekannten Seribenverwalter durch Geschenke an Mänteln, Pistolen und Flinten verpflichten, jede Dienstleistung durch Perlen und Zeuge belohnen. Auch konnte ich wieder einigermaßen europäische Lebensart pflegen, sogar Wein trinken konnte ich, was im Innern Afrikas ein rätselhaftes Glück war. Ein ganz besonderer Glücksfall war es, dass ich Berichte über die reichen Ergebnisse des letzten Jahres noch rechtzeitig hatte abschicken können; es war der einzige Ersatz für den spätern Verlust fast aller meiner Papiere. Briefe nach Europa, die ich meinem Freund Mohammed nach der Meschra mitgegeben hatte, waren schon nach fünf Monaten in den Händen der Empfänger.

Auf dem Rückzug von der Meschra erging es Mohammed recht schlecht. Einer seiner Widersacher unter den Händlern hatte ihm im dichtesten Wald einen Hinterhalt gelegt. Seine Chartumer Soldaten weigerten sich, auf die Wegelagerer, ihre Glaubensgenossen, zu schießen. So blieb Mohammed auf die Hilfe seiner schwarzen Landsknechte angewiesen, von denen mehrere niedergemacht wurden. Auch ein Vetter Mohammeds wurde erschossen. Er selbst wurde zu Boden geschlagen, erhielt eine Menge Säbelhiebe über den Kopf und wurde im Blut schwimmend liegen gelassen. Sämtliche Vorräte wurden geraubt. Der Befehlshaber der ägyptischen Regierungstruppen aber blieb trotz aller Zeugenaussagen gleichgültig und schritt nicht ein.

Auch sonst ließen die Sicherheitszustände viel zu wünschen übrig. Ich selbst aber war auf meinen Ausflügen von Gewalttätigkeiten verschont und konnte mich in meiner Hütte behaglich einrichten.

Ich legte mir eine kleine Menagerie an. Mohammed schenkte mir ein erbeutetes Elefantenjunges, das mit Kuhmilch aufzuziehen versucht wurde. Vor der Hütte standen Esel und Kuh, im Innern wurden untergebracht ein Kalb, Hunde, zwei Karakalluchse, ein Honigdachs und ein Zebraichneumon. Leider hatte ich meine Absicht aufgegeben, den

Wohnsitz außerhalb der Palisaden aufzuschlagen, um so der feuergefährlichen Nachbarschaft so vieler Strohhütten zu entweichen. Der Oberverwalter hatte dies für gefährlich gehalten, und das ist mir zum Verhängnis geworden. Mitten unter den Vorbereitungen für eine neue Niamniamexpedition überraschte mich der unglücklichste Tag meines Lebens.

Als ich am 1. Dezember 1870 mit Briefschreiben beschäftigt war, erschreckte mich plötzlich der Ruf eines Bongo: »Poddu, poddu!« (Feuer!). Ich eilte vor die Tür und sah auch schon, nur durch drei Hütten von der meinigen getrennt, die Lohe aus der Spitze eines Kegeldachs emporschlagen. Die Windrichtung führte die Flamme gerade auf meine Behausung. Sofort kamen alle meine Leute herbeigesprungen, und jeder griff nach dem, was ihm gerade unter die Hände fiel. Ich selbst schleuderte die für einen solchen Fall bereits zurechtgelegten Manuskripte in einen großen Holzkasten; es war ein eitles Bemühen. Allerdings gelang es meinen Dienern, fünf Lederkoffer und zwei Kasten auf den nahen Freiplatz der Seriba zu schleppen, allein nur zu bald fegte die Lohe über den ganzen Platz. Kein Mensch hätte mehr standzuhalten vermocht. Auf der Flucht warf ich noch einen Blick auf den Rest meiner Habe: die Kasten begannen zu rauchen, und lange Flammensäulen bezüngelten sie. Es war für mich ein herzbrechender Anblick! Enthielten sie doch alle meine Manuskripte, die Reisetagebücher und die Notizbücher! Der Funkenregen versengte mir das Haar; heulend, mit verbrannten Füßen, folgten die Hunde, und atemlos hielten wir endlich unter einem großen Baum. Ich hatte nicht einmal nach meinem Hut greifen können.

Hinter uns erscholl das Krachen der zusammenbrechenden Dächer, ab und zu übertönt von dem dumpfen Schall der explodierenden Munitionsballen, während die zurückgelassenen Gewehre sich entluden und die Fliehenden bedrohten. Die Nubier benahmen sich überraschend ruhig. Die meisten von ihnen hatten nur wenig oder nichts zu verlieren, und so manches Schuldbuch musste in den Flammen verschwinden. Nur die mohammedanischen Priester heulten und schrien vor ihren Hütten die gewohnten Beschwörungsformeln. Die ganze Seriba stand in vollem Brand. Bündel von glimmendem Stroh führte der Sturmwind mit sich und entzündete in wenigen Minuten auch die außerhalb des Pfahlwerks gelegenen Hüttengruppen. Die ausgedörrte Steppe fing ebenso leicht Feuer, und selbst die alten Bäume entflammten sich. Das Unheil währte indes kaum eine halbe Stunde. Die Leute brachten Wasser in Krügen

herbei, um wenigstens einen Teil der glimmenden Kornvorräte in den
großen Tonkrügen zu retten.

Als die Sonne sank, wurde das Nachsuchen in der glimmenden Asche
meiner Hütte begonnen. Ich hatte wenig mehr als das nackte Leben gerettet: ohne Kleider, ohne Waffen und Instrumente, ohne Tee und Chinin
stand ich jetzt vor dem Haufen Kohle und Asche, der die Frucht mehr-
jähriger Anstrengungen barg. Meine schöne Ausrüstung für die geplante
Forschungsreise, die Sammlungen aus letzter Zeit, unter denen der Verlust der gesamten Ausbeute an Insekten und vieler wertvoller Erzeugnisse des afrikanischen Kunstfleißes am meisten zu beklagen war, meine
Handschriften mit allen meteorologischen Beobachtungen, die ich von
meinem Aufbruch von Suakin an täglich gebucht hatte und die allein
gegen 7000 barometrische Ablesungen enthielten, die Reisetagebücher
mit den Erlebnissen und Wahrnehmungen von 825 Tagen, die mühsam
erlangten Körpermessungen und Wörterverzeichnisse, alles war in wenigen Minuten ein Raub der Flammen geworden. Nichts war gerettet als
mein Bettzeug, meine Zeichnungen, Schreib- und Zeichenmaterial, zwei
Koffer mit drei Barometern und einem Kompass und das der Asche ent-
nommene Eisengerät aus den Werkstätten der Mangbattu und Niamniam.

Der Abend kam, mit ihm wie gewöhnlich die Kuh mit dem Kalb, um mir
zwei Gläser Milch zu spenden. Ich zehrte von den letzten Überbleibseln
meiner Vorräte. Um mich herum heulten die Hunde wegen ihrer verbrannten Füße. Die Diener und die Sklaven waren vergnügt, denn was
hätten sie zu verlieren gehabt? Ich konnte die Häupter meiner Lieben
zählen; es waren sieben vierbeinige und sieben zweibeinige.

Als es völlig dunkel geworden, glich die ehemalige Seriba einem glänzenden Kohlenfeld. Immer noch brannte der alte Feigenbaum vor dem
Haupteingang in seinen höchsten Ästen mit heller Flamme, und das
Pfahlwerk selbst umgab diese schreckliche Festbeleuchtung wie mit
einem Kranz brennender Lämpchen. Den Nubiern war der Anblick
nichts Ungewohntes, hatten sie doch selbst soviele Negerdörfer einge-
äschert. Jetzt, da sie ihrer Vorräte beraubt, sich hungernd schlafen legen
mussten, konnten sie an sich selbst erfahren wie es den Verfolgten zumute gewesen sein mochte.

Einen merkwürdigen Anblick gewährte die Landschaft in der Frühe des
folgenden Tags. Schneeweiße Aschenfelder bedeckten den Boden und

wechselten ab mit den halb verbrannten Kohlenschollen, wie auf einem Moorboden im Winter der Schnee mit den aufgeschichteten Torfstücken. Der auf dem Boden lagernde Rauch, die kahlen Bäume vervollständigten den Vergleich mit einer nordischen Winterlandschaft. Schwarze und braune Gestalten, in Lumpen gehüllt, strichen durch die verkohlten Trümmer und scharrten im Boden. Dazwischen lagen die gedunsenen Leiber halbgerösteter Esel und Schafe. Eine große Schar wassertragender Sklavinnen war immer noch bemüht, die glimmenden Kornhaufen zu löschen.

In den nächsten Tagen wurde schon mit dem Wiederaufbau begonnen. Hunderte von Bongo, Djur und Dinka eilten mit Bambus, Holz, Gras und Stroh herbei, um die neuen Hütten zu errichten. Aus dem Unglück wollte man nicht die geringste Lehre ziehen, die Seriba wurde nicht nur auf derselben Stelle, sondern auch ganz in derselben gedrängten Bauart wieder hergestellt.

Die Veranlassung zum Brand setzte mich nicht im geringsten in Verwunderung. Einer der Soldaten des Ghattas war mit seiner Sklavin in Streit geraten und hatte im Innern der engen Behausung sein Gewehr auf sie losgedrückt, um von ihr ein Geständnis zu erpressen. Zehn Minuten später stand die Hütte in Flammen. Die glimmende Papierpatrone hatte im Dachstroh Feuer angefacht. Die Schuld an allem trug nach meiner Ansicht der Verwalter Idris; denn weshalb gestattete er das wahnsinnige Schießen innerhalb der Seriba? Weshalb ließ er es zu, dass jeder nach eignem Belieben die Zahl seiner Hütten, Zäune und Sonnendächer vermehren durfte, wie man ähnliches in keiner zweiten Seriba zu sehen bekam? Er selbst trug noch dazu bei, den Strohwirrwarr zu vermehren, indem er dicht vor meiner Hütte ein großes Schutzdach, eine Rokuba, für sein Reitpferd bauen ließ.

Der Zerstörung der Seriba folgte auf dem Fuß die Hiobspost von der gänzlichen Niederlage der Abteilung, die bereits auf dem Vormarsch nach Süden ins Niamniamland begriffen war. Abgesehen von den eingeborenen Trägern hatten allein 150 Mohammedaner den Tod gefunden. Auch nach dieser Richtung hin war mir also jede Möglichkeit einer neuen Unternehmung vorläufig abgeschnitten. Das Unglück an sich, das mich betroffen, hätte mich keineswegs davon abzuhalten vermocht, die geplante zweite Niamniamreise ins Werk zu setzen. Wie aber konnte ich ein solches Vorhaben ausführen, da mir niemand die eingebüßten Ausrüstungsgegenstände zu ersetzen vermochte? Ich besaß weder Schuhe

noch Stiefel, weder Munition noch Waffen, ich besaß keine Papiervorrä-
te, keine Instrumente mehr, selbst die unentbehrlichsten Taschenuhren
waren verloren. So musste ich mich schweren Herzens zur Heimreise
nach Europa entschließen.

21. Zum Fürsten der Sklavenhändler.

Vor mir lag noch über ein halbes Jahr, ehe ich auf den Nilbarken die Rückreise antreten konnte. Diese Zeit nach Kräften auszunützen, gebot mir die Pflicht. So begann ich mit düsterem Sinn meine Arbeit von vorn; mehr als früher kämpfte ich, einem Bettler gleich, mit Mangel und Entbehrungen.

Zunächst beschloss ich der unseligen Brandstätte den Rücken zu kehren und mich nach der Seriba Kutschuk-Ali, jenseits des Djur, zurückzuziehen, deren Verwalter Chalil mir befreundet war. Meiner vortrefflichen Genfer Ankeruhren beraubt, verfiel ich zur Sicherstellung der Wegaufnahme auf das Mittel, die Schritte zu zählen. Ein Fehler von 5 bis 8 Prozent war dabei allerdings nicht zu vermeiden. Das Maß meiner Schritte wechselte je nach der Beschaffenheit des Weges zwischen 60 und 70 Zentimeter. Ich zählte immer nur bis 100 und las die einzelnen Hunderte an den Fingern ab. Waren 500 voll, so machte ich auf dem Notizblatt einen Strich, das zweite 500 gab einen Querstrich, sodass ein Kreuz entstand, das 1000 Schritt bedeutete. Zwischen den Kreuzen wurden die Notizen über Wegrichtung und Örtlichkeit eingetragen. Nach vollbrachtem Tagemarsch konnten die Summen mit Ruhe zusammengezählt und im Tagebuch eingetragen werden. Bis zur Einschiffung in der Meschra, sechs Monate später, zählte ich auf diese Weise eineinviertel Million Schritte. Manche Reisende sind später meinem Beispiel gefolgt.

Bei Chalil fand ich gastliche Aufnahme und offenen Kredit. In der Seriba waren einige des Schneiderns kundige Leute, mit deren Hilfe ich mich neu einkleidete. Freilich musste ich mich mit leichten Baumwollstoffen begnügen. In dornreichen Walddickichten war das für den Botaniker und Jäger ein großer Übelstand. Einen leichten, aber sehr haltbaren Hut klebte ich mir selber aus zähem Patronenpapier zusammen und übernähte ihn mit weißem Zeug.

Der Weihnachtstag war der kälteste meines Aufenthalts im tiefern Binnenland: eine Stunde vor Sonnenaufgang stand das Thermometer auf nur 16 Grad Celsius über Null; trotzdem stieg die Hitze mittags regelmäßig auf über 30 Grad.

In der Hoffnung, aus dem Nachlass Kutschuk-Alis manches Brauchbare erstehen zu können, beschloss ich, eine Wanderung nach dem Lager der ägytptischen Regierungstruppen anzutreten. Es war weit nach Westen vorgeschoben und befand sich sieben gute Tagemärsche entfernt, bei der großen Niederlassung Dem-Siber des mächtigsten der Chartumer Seribenbesitzer, des Siber-Rachama, der selbst im Land anwesend war. Sein Landbesitz umfasste das westlichste Ende des von den Chartumern besetzten Gebietes und grenzte unmittelbar an die südlichsten Vorposten des Sultans von Darfur. Bald danach, 1875, wurde das Sultanat Darfur dem ägyptischen Reich einverleibt, nachdem die Eroberung des Landes durch Siber von Süden her erfolgt war. Im Kampf um die Freiheit seines Landes fiel der letzte Sultan Ibrahim. Siber war der Vater des im spätern Mahdistenaufstand berühmt gewordenen Rebellenführers Soliman-Siber, der im Juli 1879 mit seinem ganzen Anhang durch Gessi-Pascha vernichtet wurde.

Am Neujahrstag 1871 begann ich die Wanderung nach Norden und nach Westen, die sich dann nach Süden wendete, um in großer Schlinge zu Chalils Seriba zurückzuführen. Sie erschloss mir tiefe Einblicke in die Greuel des Sklavenhandels. Ich betrat zunächst einen Boden, der durch den frühern Besuch von Forschungsreisenden bekannt geworden war. Am Pongo hatte 1863 Theodor v. Heuglin über acht Monate gelebt, in einem nahen Dorf war sein Begleiter Dr. Steudner gestorben, und in der Nachbarschaft hatte die Holländerin Fräulein Alexine Tinne, die später ermordete kühne Afrikareisende, ihr trotz allem Reichtum elendes Dasein gefristet. Eine gänzlich zerfallene Hütte, jetzt Behausung von Ziegen und Schafen, bezeichnete den Platz, an dem die Gebeine ihrer unglücklichen, vor acht Jahren hier dem Klima zum Opfer gefallenen Mutter moderten, bis sie ihren weiten Weg bis zur Heimat antreten konnten.

Mein nördlichster Punkt auf der Wanderung nach Westen war die Hauptseriba des Ali-Amuri, von den Eingeborenen Longo genannt. Sie übertraf an Hüttenzahl, aber auch an bodenlosem Schmutz und Unordnung die Seriba Ghattas. Alle Hütten und Zäune waren schief und krumm, und die verworrenen Gehöfte bereits so verfallen, als seien sie jahrelang nur von Ratten und Termiten bewohnt gewesen. Ekelhafte Haufen von Küchenabfällen, Aschenhügel, faulende Strohmassen, alte Körbe und Kürbisschalen lagen mannshoch in den engen Gassen. Haushoch waren sie draußen vor den Eingängen aufgestapelt, überwuchert von Schimmel und Pilzen. Es war eine Musterwirtschaft zügelloser nubischer Banden.

An diesem Platz hielten sich das ganze Jahr über viele Sklavenhändler auf, die von zahlreichen Baggara-Arabern begleitet waren. Diese wilden Söhne der Steppe lagerten mit ihren abgemagerten Rindern hordenweise im Umkreis. Neugierig drängten sie sich um mich, da sie noch nie einen Christen zu sehen bekommen hatten. Von einem erhöhten Platz aus zeigte ich ihnen verschiedene meiner Zeichnungen. Die Wirkung war unbeschreiblich – ein Jauchzen der Freude entrang sich ihren rauhen Kehlen. Schließlich ließen sich einige herbei, mir zu sitzen. Diese Baggara waren echte Araber, schöne hellbraune Gestalten von schlankem, nervigem Wuchs und tadelloser Regelmäßigkeit der Gesichtsbildung.

Ein alter mohammedanischer Eiferer aus Darfur tobte über das sündhafte Zeichnen. Als ich ihm aber zurief: »So geh doch fort und lass mich ungeschoren!«, da stimmten viele der Baggara mir bei und suchten den Schreier zu beschwichtigen oder sie lachten ihn aus. Zuletzt wurde er verhöhnt und unter Späßen beiseite gestoßen.

Am 6. Januar verließ ich die bisher verfolgte Nordrichtung und setzte die Wanderung, im rechten Winkel abbiegend, in südwestlicher Richtung fort. Hier traf ich wieder einmal mit meinem Freund Mohammed zusammen. Begleitet von einem großen Troß Korn befördernder Bongo, war er ebenfalls auf dem Weg zum ägyptischen Lager. Häufig begegneten mir jetzt kleine Trupps von Gellaba, die auf Eseln oder Ochsen mit ihren Waren einhergezogen kamen.

Am 13. Januar wurde das vorläufige Ziel der Wanderung erreicht, die Hauptseriba des Siber und das ägyptische Lager. Dem-Siber liegt 215 Meter höher als die große Seriba Ghattas. So geringfügig der Einfluß auf das Pflanzenleben zu sein schien, so gab doch der auffällige Wechsel der hydrographischen Verhältnisse ein ganz verändertes Gelände zu erkennen. Aus aufsaugendem, trockenem Boden gelangt man fast unmittelbar in ein ertragreiches Quelland. Die Flüsse, Bäche und Gräben enthalten das ganze Jahr hindurch ununterbrochen fließendes Wasser von reinster Beschaffenheit.

Die große Seriba Sibers, deren Pfahlwerk ein 200 Schritt in Geviert haltendes Viereck bildet, ist von vielen Hunderten zerstreuter Gehöfte und Hüttengruppen umgeben, die sich an Ostabhang einer tiefen Talniederung weithin hinziehen. Das Tal durchströmt ein von reichen Uferquellen gespeister Bach. Das Ganze gewährt den Eindruck einer sudanischen Stadt. In der Sprache bei Sudaner heißen auch Niederlassungen von solcher Größe »Dem«, Stadt.

Am südlichen Ende hatten die ägyptischen Truppen ihr Lager eingerichtet, die Ahmed Agha, der Stellvertreter des verstorbenen Kutschuk-Ali, befehligte. Teuerung herrschte infolge der Überfüllung durch die Tausende von Sklavenhändlern, die aus Kordofan herbeigezogen waren. Der Sultan von Darfur hatte auf die erste Kunde von den auf seine Kupfergruben gerichteten Plänen der Ägypter die Grenze abgesperrt. So sahen sich die Händler gezwungen, den weitern, gefährlichen Weg durch die wüsten Steppenstriche der räuberischen Baggara einzuschlagen. Trotzdem schien die Anwesenheit der Regierungstruppen den Zuzug der Sklavenhändler verdoppelt zu haben. Seit dem Ende der letzten Regenzeit waren über 2000 Kleinhändler herbeigezogen, und immer noch wurden neue Ankömmlinge erwartet. Alle diese Leute zehrten, wie die Truppen, von Sibers Kornvorräten.

Statt inmitten reicher Kornhändler ihren Sitz aufzuschlagen, hatten sich die ägyptischen Truppen am äußersten Ende des Seribengebiets der Provinz Bahr-el-Ghasal niedergelassen. Angeblich geschah es, um die Zugänge zu den Kupfergruben von Darfur zu beherrschen, in Wirklichkeit aber, um der Sklavenquelle näher zu sein und den direkten Handel mit den nördlichen Absatzgebieten besser ausbeuten zu können.

Ungeachtet dieser großen Anhäufung von Menschen war der Gesundheitszustand, soweit ihn das Klima beeinflusste, völlig befriedigend. Auch die Sterblichkeit unter den Sklaven schien an diesem von schwarzer Ware überfüllten Stapelplatz nicht groß zu sein. Die verweichlichten ägyptischen Soldaten fühlten sich indes äußerst unglücklich. Jetzt schon, und noch war das erste Jahr kaum abgelaufen, hätten ihre Klagen Steine erweichen können. Es fehlte der Schnaps, das Weizenmehl, der Reis; sich selbst aber zu helfen, dazu waren sie zu träge.

Der Eindruck eines schmutzigen Menschengewühls wurde durch den starken Zuzug der Sklavenhändler außerordentlich vermehrt. Die unsauberen, in Lumpen gehüllten Gestalten der Menschenkrämer saßen mit ihrem Plunder haufenweise auf allen freien Plätzen. Widerlich waren die rauen Stimmen und das heisere Geschrei ihrer gotteslästerlichen Gebete, widerlich die Trägheit, Trunk- und Schlafsucht. Überall herrschte ein faules, lasterhaftes Getreibe, begleitet von allen möglichen ansteckenden Krankheiten, dazu Grabesdüfte und Gerüche übelster Art. Überall stieß ich auf Dinge, die meine Sinne aufs empfindlichste beleidigten.

Bei Siber fand ich indes gastfreie Aufnahme, und ich hatte keinen Grund zur Klage. In einem trostlosen Zustand fand ich aber ihn selbst, der bei einen Zusammenstoß zwischen Nubiern und Ägyptern schwer verwundet worden war. Das Fußgelenk war von einer Kugel durchbohrt worden. Nach Verlauf vieler Wochen gelang erst die völlige Wiederherstellung.

Siber hatte sich mit einer Art fürstlichen Hofhalts umgeben. Seine Privatwohnung bestand aus einer Gruppe wohlgebauter Hütten; eine bewaffnete Wache war Tag und Nacht aufgestellt. Reich gekleidete Sklaven meldeten die Besucher an, und eigene Räume mit Diwanen, von Teppichen bedeckt, waren als Wartezimmer hergerichtet. Den Gästen wurde Kaffee, Tschibuk und Scherbet gereicht. Gefangene Löwen, an schweren Ketten befestigt, erhöhten die fürstliche Pracht.

Hinter einem großen Vorhang stand in der innersten Hütte das Krankenlager des Siber, um das sich ständig eine Anzahl dienstbarer Geister zu schaffen machte. Ein ganzer Haufen Faki saß an der Wand des Gemachs auf den Diwanen. In einem fort murmelten sie Gebete. So leidend auch der Zustand des Kranken war, so kamen und gingen dennoch ununterbrochen die Leute, die ihn zu sprechen wünschten. Ich besuchte Siber häufig und saß dann neben seinem Bett. Er beklagte seinen hilflosen Zustand und bedauerte, dass er nicht selbst für meine Bedürfnisse sorgen könne. Wäre er gesund, dann würde es ihm ein Vergnügen bereiten, mich persönlich durch sein Land zu führen. Zum Glück verlangte er von mir keine ärztliche Hilfe, und ich beruhigte ihn durch meine Zustimmung zu der eingeschlagenen Heilmethode mit Ölspülung. Aus den Lagerhäusern Sibers erhielt ich gegen eine Anweisung auf Chartum einen Zentner Kupfer, das mir als bare Münze diente. Außerdem wurde mir ein großer Vorrat an Patronenpapier geliefert, um die gesammelten Pflanzen darin trocknen zu können, auch Seife und Kaffee. Den größten Dienst aber leistete mir Siber, indem er mich mit Schuhwerk europäischer Art versah. Auch Pfeifenköpfe, Kämme, Zündhölzchen nannte ich wieder mein. Bisher hatte ich mich, da ich unterwegs gern Tabak rauchte, mit einem Feuerbrand beholfen, der mir glimmend nachgetragen werden musste.

Kaum war ich in den mir zur Unterkunft angewiesenen Hütten eingerichtet, als sich auch schon Besuche der verschiedensten Art bei mir einstellten. Ich lernte einige der größern Sklavenhändler kennen, die hier von alters her ansässig waren und nun vor Begierde brannten, hinter die ihnen unverständlichen Absichten meiner Reise zu gelangen.

Schon lange vor Ankunft der ersten Chartumer Handelsgesellschaften hatten sich zahlreiche Sklavenhändler aus Darfur und Kordofan dauernd in Dar-Fertit, dem südlich von Darfur gelegenen Landstrich, niedergelassen. Sie legten ausgedehnte Ansiedlungen an, die ihnen als Stapelplätze der schwarzen Ware dienten. Als nun die Elfenbein suchenden Chartumer erschienen, wurden sie von den Sklavenhändlern mit offenen Armen empfangen. Sofort gründeten sie ihre Seriben als feste Waffen- und Stapelplätze des Elfenbeinhandels. Die Sklavenhändler blieben dabei in ihren frühern Sitzen, sodass diese Plätze mit der Zeit den Umfang und das Aussehen sudanischer Marktstädte gewannen und zugleich die Mittelpunkte für den gesamten Sklavenhandel dieser Länder wurden. Da im Sudan alle Bedingungen zu einem bequemen Absatz der Sklaven gegeben waren, trat nun auch bei den Unternehmungen der Chartumer der Sklavenhandel immer mehr in den Vordergrund, und die Leute, über deren Kommen sich die Gellaba so sehr gefreut, wurden bald ihre schlimmsten Nebenbuhler.

Siber, der seinen ausgedehnten Landbesitz auf eine Streitmacht von 1000 Feuerwaffen stützte, hatte im Jahr vorher keinen größern Erlös an Elfenbein gehabt als 300 Lasten. Wohl aber hatte er für sich allein in demselben Jahr 1800 Sklaven auf dem geraden Weg durch die Steppen nach Kordofan befördern lassen.

Ich hatte die Hoffnung gehegt, auf dem Landweg über Kordofan die Rückreise ausführen zu können. Diesem Vorhaben aber stellten sich so mannigfache Hindernisse entgegen, dass ich mich genötigt sah, der sichern Fahrstraße auf dem Nil vor den gefahrvollen Möglichkeiten einer monatelangen Wanderung durch die Steppen der Baggara den Vorzug zu geben. Ganz abgesehen von den kriegerischen Zwischenfällen, dem Hunger und den Anstrengungen, die eine solche Reise in Aussicht stellte, abgesehen auch von der Schwierigkeit in der Beschaffung hinreichender Transport- und Lebensmittel, hatte ich auch nicht die Absicht, soviel Zeit darauf zu verwenden, wie die Karawanen der Sklavenhändler bei ihrem Zug nach Norden es zu tun pflegten. Sie blieben unterwegs oft wochen-, ja monatelang liegen.

Am 23. Januar verließ ich Dem-Siber, begleitet von acht Trägern. Mein nächstes Ziel war die Niederlassung einer mit Kutschuk-Ali in Verbindung stehenden Gesellschaft; sie lag in Südwest, etwa 35 Kilometer entfernt, am Birifluß. Der Verwalter, der krank und verdrießlich war, ließ mich mit ziemlich leerem Magen und ohne Speisevorrat am andern Tag weiterziehen. Ein Ägypter, der den kranken Verwalter vertrat, trug die Hauptschuld an dieser Aufnahme, der schlechtesten, die mir irgendwo in den Niederlassungen der Chartumer zuteil geworden war.

Zwischen Nubiern und Ägyptern gab es überall Reibereien; sie haßten sich gegenseitig. Die eisige Ruhe meiner empörten Diener und der verbissene Groll des Ägypters, der durch wer weiß welchen Formfehler seitens der Nubier sich verletzt fühlte, machten mir trotz meiner traurigen Lage viel Spaß. Am folgenden Morgen fühlte ich mich aber sehr unwohl. In solcher Lage musste ich die gänzliche Einbuße meines Teevorrats um so schmerzlicher empfinden, denn der Kaffee vermochte, obgleich ich ihn in großen Mengen genoss, nur wenig über mein Nervensystem. Ich musste einen sehr starken Aufguß zu mir nehmen, um die zur Fortsetzung des Marsches erforderliche Spannkraft einigermaßen aufrechtzuhalten.

Ich wandte mich nun südwärts nach dem 40 Kilometer entfernten Dem-Gudju, einer der Hauptniederlassungen der angesiedelten Sklavenhändler. Der Platz bildet den westlichsten und zugleich, abgesehen von meiner Besteigung des Baginseberges, höchsten Punkt aller meiner Reisen im tiefern Binnenland. Die Meereshöhe bestimmte ich auf 846 Meter; sie wird jetzt nach Junkers Messungen mit 750 Metern angenommen. Aus verschiedenen Anzeichen in der Geländebeschaffenheit glaubte ich den Schluss ziehen zu müssen, dass diese Höhenzunahme im Westen von Dem-Gudju noch stärker werde und dass vielleicht in jener Gegend irgendeine bedeutende Wasserscheide zu suchen sei.

In der Tat verläuft jenseits des Biri 42 Kilometer südwestlich von Dem-Gudju die Wasserscheide zwischen Nil und Kongo, die zugleich die heutige Grenze zwischen der ägyptischen Bahr-el-Ghasalprovinz und Französisch-Äquatorialafrika bildet.

Obgleich ich mich in Dem-Gudju einer gastfreien Aufnahme zu erfreuen hatte und gute Bewirtung fand, war mein Zustand doch kläglich. Ein längst vorbereitetes skorbutisches Leiden, wahrscheinlich veranlasst durch den seit vielen Monaten bestehenden Mangel an Pflanzenkost, kam hier zum vollen Ausbruch. Das Zahnfleisch war wund und die ganze Mundhöhle dermaßen entzündet, dass ich außer Wasser nicht das Geringste zu mir nehmen konnte, ohne die größten Schmerzen leiden zu müssen. Zum Glück versah mich der Verwalter, Faki Ismael, mit einem

Vorrat von zarten süßen Bataten, zu dieser Jahreszeit eine große Seltenheit und für mich damals das einzige Genießbare.

22. Traum und Wirklichkeit.

Von Dem-Gudju aus senkte sich der Weg in südöstlicher Richtung gleichmäßig bis Dem-Bekir hinab, wo sich im stundenweiten Umkreis großartige Niederlassungen von Sklavenhändlern angehäuft haben. In einem der wichtigsten dieser Waffenplätze hat Kutschuk-Ali das Erbe seines Schwiegervaters Bekir angetreten. Die gerade Entfernung betrug 65 Kilometer; unter vielfachen Abweichungen hatten wir zwei Tage lang durch ununterbrochen wasserarme Wildnis zu marschieren.

Nie werde ich die Aufnahme vergessen, die mir Jumma, der Verwalter Kutschuk-Alis, in Dem-Bekir gewährte. Äußerst ermüdet vom anstrengenden Marsch und geschwächt durch das mehrtägige Fasten war ich bei einbrechender Dunkelheit angelangt. Nach vielem Hin- und Herwandern zwischen den weitzerstreuten Gehöften hatten wir Mühe gehabt, den Pfahlbau der Seriba ausfindig zu machen. Alle Hütten lagen in geheimnisvoller Ruhe, und von fast unsichtbaren Händen wurde mir der Kaffee gereicht, nachdem ich in der Empfangshütte Platz genommen hatte. Der Herr der Seriba war abwesend. Sehr im Zweifel über die Art der zu erwartenden Gastfreundschaft warf ich mich, ohne etwas zur Nacht gegessen zu haben, aufs Lager.

Matt und entkräftet, wie ich war, meiner Sinne nicht mehr mächtig, muss ich bald in einen tiefen Schlaf verfallen sein. Ich sah mich in einem großen, vom Glanz der Lampen strahlenden Riesenzelt, auf reichbesetzten Tafeln prangten die auserlesensten Leckerbissen. Es war das Fest der Wettrennen in Kairo, dessen Bilder an meiner Seele vorüberzogen. Ismail-Pascha, der Beherrscher Ägyptens, bewirtete seine Gäste im Stil von Tausendundeiner Nacht. Da dringt glänzender Lichtglanz zu meinen Augen, eine reichgekleidete Sklavenschar naht sich mir mit Schüsseln und glänzenden Schalen, mit Kerzen und Lampen, andere kredenzen in bunten Kristallgläsern und mit goldgestickten Tüchern über dem Arm Scherbet und Limonade. Ich rieb mir die Augen, ich trank, ich schmeckte, es war Wirklichkeit!

Jumma war erst spät am Abend heimgekehrt. Kaum hatte er von meiner Ankunft erfahren, als er auch sofort sein gesamtes Küchenpersonal aus dem Schlaf trommeln ließ, um mich standesgemäß zu bewirten. Alles wurde ausgekramt und für mich hergerichtet, Brot und Weizenmehl, Makkaroni und Reis, Hühner mit Tomaten und ähnliche Köstlichkeiten. Es war Mitternacht geworden; jetzt musste ich zulangen, ob ich wollte oder nicht. Ich litt Tantalusqualen, denn mein entzündeter Gaumen und das schmerzende Zahnfleisch legten Einspruch ein gegen diese Bewirtung; nur mit Mühe brachte ich einiges über die Lippen. Die verbesserte Kost förderte aber auch bald meine Genesung.

Ich traf in Dem-Bekir eine Anzahl kenntnisreicher Leute an, deren Angaben über die benachbarten Niamniamgebiete ich mit sehr erfreulichem Erfolg miteinander in Vergleich brachte. Die Nachrichten bezogen sich hauptsächlich auf die beiden Niamniamhäuptlinge Mofio und Ssolongo. Mit letzterm befand sich Jumma im Krieg; er sah sich beständig von diesem mächtigen Fürsten bedroht. Ssolongo war erst wenige Tage vor meiner Ankunft zurückgeschlagen worden. Da andauernd ein neuer Angriff drohte, wollte Jumma, dass ich nicht länger in seiner Seriba verblieb. Vergebens suchte ich ihn meinetwegen zu beruhigen.

Dem-Bekir war der südlichste Punkt jenseits des 7. Breitengrades, den ich auf dieser Wanderung erreichte. Von hier wandte ich mich nordöstlich zurück. Zunächst nach der 52 Kilometer entfernten schöngelegenen Niederlassung Dem-Adlan, wo ich drei Tage blieb und trefflich bewirtet wurde. Einige der ansässigen Sklavenhändler, teils Leute aus Darfur, teils Baggara, trieben neben dem Sklavenhandel auch Elefantenjagd, und zwar nach echter Sudanart mit Schwert und Lanze.

23. Ein lustiges Völklein.

Das Völklein der Ssere hat sich weit und breit um Dem-Adlan herum besonders dicht angesiedelt. In ihrer äußern Erscheinung erinnern die Ssere auffallend an die Niamniam, nur tätowieren sie sich nicht. Ursprünglich ein den benachbarten Niamniamfürsten unterworfener Sklavenstamm, sind sie erst in neuester Zeit nach Norden ausgewandert, wahrscheinlich verlockt durch die Entvölkerung des Landes infolge des Sklavenraubes. Zahlreiche Ssere sind indes unter den Niamniam zurückgeblieben. Viele Ihrer Einrichtungen sind völlig den Niamniamsitten angepaßt; sie haben sich aber ihre eigne Sprache erhalten. Es ist eine kräftige, wohlgestaltete Rasse. Ihre sorgfältig gebauten Hütten verraten, dass sie auf den Besitz Wert zu legen wissen. Am eigentümlichsten nahmen sich die kleinen Kornspeicher der Ssere aus. Der becherförmige aus Ton geformte Sammelraum, der oft kunstvoll mit Gesimsen und stufenweise übereinanderfolgenden Ringleisten und Hohlkehlen verziert ist, ruht stets auf einem einzigen hohen Pfahl, sodass man am Stamm hinaufklettern muss, um das deckelartig überhängende Strohdach abheben zu können.

Die schon erwähnte Vorliebe für Grashalme, die durch die vielfältig durchbohrten Nasenflügel gesteckt werden, kennzeichnet auch die Ssereweiber; selbst Männer folgen Ihrem Beispiel. Manche Weiber hatten durch die Unterlippe einen langen Bleistab gesteckt, der mehrere Zentimeter lang herunterbaumelte.

Die Jagd in den benachbarten Wildnissen muss sehr ergiebig sein. Nirgends fand ich derartige Massen von Jagdtrophäen angehäuft wie in den Weilern der Ssere. Sie errichten aus gegenseitig sich stützenden Baumästen hohe Gestelle, um daran Hunderte von Büffelhörnern und Schädeln zu befestigen. Man trifft diese fast vor jeder Hütte. Sehr häufig waren auch die Hornkronen verschiedener Antilopenarten, dann Schädel von Warzenschweinen und Pavianen, selbst Löwenschädel fehlten nicht.

Von Dem-Adlan ging es nach Osten zum Bongoland zurück, drei Tage lang durch eine böse wasserarme Wildnis. Der Pongofluß bildet fast genau die Grenze zwischen quellreichem und quellosem Gelände. Die letzten Hütten mit dem letzten Wasser waren bereits sieben Kilometer hinter dem Pongo erreicht. Weiterhin konnten vereinzelte Wasserlachen immer nur nach langem Suchen ausfindig gemacht werden, um Trinkwasser zu gewinnen.

Die erste Strecke in der Wildnis führte ununterbrochen durch Wald, ohne einen einzigen Wasserzug. Nach vielem Suchen fand man eine Pfütze, aus der behutsam die Oberfläche abgeschöpft werden musste, wollte man überhaupt ein wenig Wasser erhalten. Es war ein ekelhafter Suhlplatz von wilden Büffeln und Ebern, voll von den Losungen dieser Tiere, ein Gemisch von Sumpfmoder und ammoniakhaltigem Wasser. Man ließ die Schlammasse durch Tücher laufen; durch Kochen verlor sich ihr scharfer Geruch. Erst fünf Kilometer weiter stießen wir auf einen von dichtem Buschwerk umstandenen Wasserlauf mit ziemlich klarem Wasser. Eine obdachlose, andauernd regnerische Nacht machte nach den vorangegangenen heftigen Regengüssen das Maß meines Elends auf dieser an Entbehrungen aller Art überreichen Reise voll. Da alle Versuche, ein Lagerfeuer anzuzünden, mißlangen, musste ich am folgenden Morgen, halb erstarrt und immer noch im Regen, den jetzt schlüpfrig gewordenen Weg fortsetzen.

Nirgends aber habe ich ein so lustiges Völklein kennen gelernt wie die Ssere, die mir als Träger beigegeben waren, und die mich aufheiterten. Kein Mißgeschick, keine Müdigkeit, weder Hunger noch Durst vermochten etwas über den unverwüstlichen Humor dieser Neger. Wurde unterwegs gerastet, so begann das Scherzen erst recht. Sie spielten miteinander wie ausgelassene Kinder. Bald stellte der eine oder der andere ein wildes Tier vor, das die übrigen jagten, bald neckten sie sich mit allerhand Schabernack. Besonders belustigend war die Darstellung der Schildkröte, deren unbeholfene Bewegungen sie auf allen Vieren nachahmten. Derart vergnügten sich die Ssere mit leerem Magen. »Wenn wir Hunger haben,« so sprachen sie, »dann singen wir, um ihn zu vergessen.«

Die folgende Woche verlief ohne Zwischenfälle, und am 19. Februar begrüßte ich nach neunundvierzigtägiger Abwesenheit und einer Wanderung von 876000 Schritten wieder meinen alten Freund Chalil, der mich und die Meinigen in schönen neuen Hütten unterbrachte.

24. Der Sklavenhandel

Noch nie mochte der Sklavenhandel auf der Straße nach Kordofan so geblüht haben wie im Winter 1870-71, als ich, ein Augenzeuge, mich an seinen Quellen befand. Sir Samuel White Baker war, auf Empfehlung des Prinzen von Wales, vom ägyptischen Vizekönig Ismail zum Gouverneur der neugeschaffenen Äquatorialprovinz ernannt worden; diesen Posten hatte er von 1870-1873 inne. Im Sommer vorher hatte er mit der endgültigen Säuberung der oberen Nilgewässer vom Sklavenhandel begonnen, indem er seine Tätigkeit durch Wegnahme aller sklavenführenden Barken eröffnete. Mögen seine Maßnahmen dazu beigetragen haben, das Zusammenströmen der Gellaba aus Kordofan zu vermehren, oder mag der Mangel an Baumwollstoffen, der um jene Zeit in den Seriben herrschte, ihren Unternehmungsgeist besonders angeregt haben, mag vielleicht auch die Anwesenheit ägyptischer Truppen im Bahr-el-Ghasal-Gebiet ihrer Habgier neue Quellen der Bereicherung in Aussicht gestellt haben: soviel steht fest, dass weder Baker noch der Generalgouverneur in Chartum an eine Überwachung der Ortsbehörden in Kordofan dachten.

Wie ich aus dem Munde Sibers selbst erfuhr, hatten im Laufe des Winters zwei über Schekka eingetroffene große Karawanen 2000 kleiner Unternehmer ins Land gebracht. Anfang Februar langte abermals ein Zug an, der auf 600-700 Köpfe geschätzt wurde. Ihre Waren bestanden hauptsächlich aus Ballen von Baumwollstoff. Groß war auch die von den Sklavenhändlern abgesetzte Menge Vorderlader, meist gewöhnliche Doppelflinten belgischen Ursprungs im dortigen Wert von 10 bis 20 Mariatheresientalern. Außerdem führten sie allerhand Kleinkram mit sich.

Alle diese Händler bedienten sich der Esel, auf deren Rücken sie, man kann getrost sagen, den größten Teil ihres Lebens verbrachten. Solch ein Eselein kann seine zehn Stück Zeug aufnehmen und den Reiter noch oben darauf. Der Esel wurde im Gebiet der Seriben gegen ein bis zwei Sklaven eingetauscht, mit den Zeugen wurden ihrer drei erzielt, sodass ein blutarmer Kleinkrämer, der mit 25 Talern Wert an Waren und mit einem Esel ins Land kam, mindestens vier Sklaven erstehen konnte, die in Chartum einen Erlös von 250 Talern ergaben. Der Rückzug wurde zu Fuß angetreten, und die Sklaven mussten den nötigsten Reisebedarf tragen.

Neben diesen kleinen Leuten fehlte es nicht an größeren Unternehmern, die mit vielen Esel- und Ochsenladungen dahergezogen kamen, eigene bewaffnete Sklaven mit sich führten und alljährlich einen Umsatz von einigen hundert Sklaven zu machen wussten. Solche hatten denn auch in den größeren Seriben ihre Vertreter oder Geschäftsfreunde, die über eigen Haus und Hof verfügten. Die Vertreter waren meist Faki; eigentlich heißen so nur die Rechtsgelehrten des Islam, aber im Sudan werden auch gewöhnliche Priester und alle des Schreibens kundigen Leute so genannt.

Von Seriba zu Seriba wandernd, durchzogen sie das Land. Ihr zweites Wort war Allah; allein nie fand ich unbarmherziger die Sklaven behandelt als von diesen glaubensstarken Männern.

Bei einem Transport befanden sich etliche elende, zu Gerippen abgemagerte Mittusklaven, die kaum imstande waren, den ihnen am Halse befestigten Balken, die Scheba, nachzuschleifen. Eines Morgens wohnte ich einem Auftritt bei, den wiederzugeben sich die Feder sträubt. Man hatte einen Sterbenden aus seiner Hütte geschleift und mit grausamen Peitschenhieben, die ebenso viele weiße Streifen auf seiner welken Haut zurückließen, prüfte man unter Fluchen und Schmähungen, ob er noch ein Lebenszeichen von sich gebe. Dabei spielten die Sklavenknaben aus dem Gefolge der Faki mit dem noch deutlich röchelnden Körper förmlich Fangball. Stimmen wurden laut, der Unglückliche verstelle sich nur, um unbemerkt entfliehen zu können. Er wurde in den Wald geschleppt, wo ich nach einigen Wochen seinen Schädel fand.

Das Treiben der kleinen Händler wurde bedeutend dadurch erleichtert, dass überall Gastfreundschaft herrschte. Außer den Söldnern der verschiedenen Handelsgesellschaften, ihren Verwaltern, Vertretern, Schreibern, Lagerhaltern und andern Beamten befand sich eine fast gleichgroße Anzahl von Landsleuten und Glaubensbrüdern in diesen Ländern, die als kostenfreie Mitesser von der Arbeit der Neger zehrten. Hätte man all das unnütze Gesindel, unter dem sich viele davongelaufene Sträflinge oder solche befanden, die eine Strafe zu befürchten hatten, aus dem Lande schaffen können, so wäre Futter genug vorhanden gewesen für die ägyptischen Truppen, selbst wenn man zehn Regimenter ins Land geschickt hätte.

Wie im ägyptischen Sudan, so kostete auch in diesen Ländern das Reisen so gut wie gar nichts. Jeder Ankömmling wurde in der Seriba bewirtet und erhielt überdies Korn für Esel und Sklaven. So zogen die Gellaba durchs Land bis zu den Flüssen Rohl und Djemit. Vor Eintritt der Regenzeit fanden sie sich alle wieder in dem gemeinsamen Sammelplatz des Westens, in Dem-Siber, zusammen, um die Karawane nach Kordofan auszurüsten.

Die sesshaften Sklavenhändler in den Niederlassungen des Westens pflegten weiter in die Negerländer einzudringen, als das Seribengebiet reicht. Fast alle wandten sich zu Mofio, dem großen Niamniamkönig des Westens, begleitet von ansehnlichen Banden, die sie aus ihren besten Sklaven zusammensetzten. Die Sklavenvorräte Mofios schienen unerschöpflich zu sein. Tausende wurden alljährlich aus seinem Gebiet ausgeführt. Teils stammten sie aus den ihm unterworfenen Sklavenstämmen, teils ließ er sie auf Plünderungszügen in den benachbarten Gegenden zusammenrauben.

Der übliche Preis für junge Sklaven beiderlei Geschlechts von der Klasse der Ssittassi, d. h. 6 Spannen, etwa 1 1/4 Meter hoch, also Knaben und Mädchen von 8 bis 10 Jahren, stellte sich auf 7 1/2 Mariatheresientaler, entsprechend dem Werte des dafür hier geforderten Kupfers in Chartum. Ausgewachsene, kräftige Sklavinnen waren etwas billiger. Alte Weiber hatten so gut wie gar keinen Wert. Erwachsene Männer wurden sehr selten als Sklaven verkauft, wegen der Schwierigkeit ihrer Bändigung.

Der Bedarf an Sklaven innerhalb der Seriben des von mir bereisten Gebietes war so groß, dass er für sich schon einen schwunghaft betriebenen Handel ins Leben rufen musste. – Im Durchschnitt konnte man drei Köpfe auf den Mann rechnen. Eine Schätzung der zum Privatgebrauch im Gebiete selbst dienenden Sklaven auf 50-60000 mochte nicht zu hoch gegriffen sein. Diese Privatsklaven gehörten zu folgenden Gruppen:

1. Knaben von 7 bis 10 Jahren, die zum Gewehr- und Patronentragen dienten und von denen jeder nubische Söldner wenigstens einen besaß.

2. Faruch, auch Basinger genannt, mit Gewehren bewaffnet; eine Art schwarzer Schutztruppe, deren Bestimmung es war, alle Raub-, Kriegs- und Handelszüge der Nubier zu begleiten. Ihnen fiel im Krieg die Hauptrolle zu. Sie suchten die Negerdörfer nach Korn ab, trommelten die Träger zusammen und durchstöberten die Wildnis nach Widerstrebenden. Sie mussten Sklaven einfangen und den eigentlichen Kampf mit den »Wilden« bestehen. Die Faruch besaßen Feld, Weib und Kinder in

den Seriben, die ältern hielten sich sogar ihre eigenen Sklavenjungen zum Gewehrtragen. Einen großen Zuwachs erhielten sie nach jedem Niamniamzug, da sich im Verlauf solcher Expeditionen stets zahlreiche junge Eingeborene freiwillig den Nubiern anschlossen, zufrieden, ein Hemd und eine Flinte zu tragen. Mir selbst gingen allerorten solche Anträge von jungen Negern zu.

3. Eine dritte Gruppe bildeten die Haussklavinnen. Jeder Soldat hatte eine oder mehrere. Im letztern Fall wird eine zu seiner Favoritin, die andern haben Mehl zu bereiten und zu backen. Diese Sklavinnen gehen aus einer Hand in die andere, eine der Hauptursachen zur schnellen Verbreitung ansteckender Krankheiten.

Alles Dichten und Trachten der nubischen Söldner drehte sich um Sklaven und Sklavinnen. Entbrannte ein Streit, so konnte man sicher darauf rechnen, dass es sich um eine Sklavin handelte. »Eine Sklavin ist entflohen!«, diese Worte weckten mich hundertmal aus dem Schlummer. Eine der Hauptbeschäftigungen der Seribenbewohner war das Wiedereinfangen. Bei einsklavigen Soldaten hatte die Sklavin das Wasser vom Brunnen in einem riesigen Kruge auf ihrem Haupt herbeizutragen. Sie wusch, rieb das Korn, machte den Brei an, fegte Haus und Hof mit ihren Händen, diente auch als Lastträger, um Holz herbeizuholen oder auf Reisen den Plunder ihres Herrn fortzuschaffen. Die größern Leute hatten für jede dieser Arbeiten ihre eigenen Sklavinnen. Sie ließen sich, wenn sie über Land reisten, Gewehre, Pistolen und Schwerter, jedes einzelne von einem besondern Sklaven, nachtragen. Auf hundert Soldaten rechnete man während des Niamniamzugs 300 Sklavinnen, und Knaben.

Das rohe Zerreiben des Korns mit Hilfe eines kleinern Steins auf einem größern gestattet einer Sklavin selbst bei angestrengter Tagesarbeit nur für den Bedarf von etwa sechs Menschen zu sorgen!

Eines der abscheulichsten Bilder aus meinem Wanderleben stellt die untenstehende Zeichnung dar. Eine neueingefangene Sklavin, beständig bewacht von einem Knaben, hat den Hals in das schwere Joch der Scheba geklemmt. Sie war zu der harten Arbeit des Mehlreibens verurteilt. Der Knabe hielt das Joch in die Höhe, um ihr die Bewegung zu ermöglichen.

Eine Sklavin in der Scheba beim Mehlreiben

Zum Feldbau dienten die alten Sklavinnen, die zu den übrigen Arbeiten untauglich waren. Für das Ausraufen des Unkrauts reichten ihre Kräfte immerhin noch aus. Bei der Ernte wurde allerdings auch die Mithilfe der Faruch in Anspruch genommen. Frondienste zum Ackerbau wurden von den Eingeborenen nirgends gefordert. Sie würden aber weniger nachteilig gewirkt haben und weniger zu bedauern gewesen sein als die schreiende Willkür, mit der jeder Seribenverwalter Kinder in den Dörfern aufgreifen ließ, um sie an die Gellaba zu verkaufen.

Die Oberverwalter waren in vielen Fällen im Hause ihrer Herren aufgewachsene Sklaven, da auf solchen Posten nur zuverlässige Leute gebraucht werden konnten. Als minder zuverlässig erwiesen sich die Unterverwalter und Vertreter in den Filialseriben. Die Sklavenhändler wussten dies wohl und besuchten mit Vorliebe solche Plätze, wo häufig Knaben und Mädchen verschachert werden konnten.

Wenden wir uns jetzt den Sklaven zu, die, als eigentliche Ware betrachtet, lediglich zum Zwecke des Gewinns und Gelderwerbs alljährlich aus den oberen Nilländern in die Knechtschaft geschleppt wurden.

Das Hauptgebiet waren die Negerländer im Süden von Darfur, die man unter dem Namen Dar-Fertit zusammenfasst. Die Völker, die dort seit den ersten Jahrzehnten des 19. Jahrhunderts als Beute des Sklavenhandels eine Menschenausfuhr von jährlich 12000 bis 15000 Köpfen erdulden mussten, gehörten zu der Gruppe heidnischer Negerstämme, die von den Bewohnern Darfurs Kredj genannt werden. Der Hauptertrag kam aber zu meiner Zeit aus den westlichsten Niamniamgebieten, wo

Mofio Sklaven raubte, um sie an die Gellaba zu verkaufen: Diese betrieben den Handel durch Kordofan und betraten bei Abu-Harras ägyptisches Gebiet. Die andern Wege gingen unmittelbar nach Darfur, von wo aus zweimal im Jahr Karawanen nach Assiut in Ägypten aufzubrechen pflegten.

Zur Entschuldigung der Sklaverei im Orient ist oft die milde Behandlung und das im Verhältnis zu ihrer wilden Heimat glückliche Los der Sklaven hervorgehoben worden. Es ist wahr: ganz im Gegensatz zur Sklavenarbeit bei den Europäern, die den Neger als nützliches Haustier verwerteten, ist der Sklave im Orient fast ausschließlich Luxussache. Nur ein geringer Teil wird in Ägypten, häufiger In den sudanischen Provinzen zur Feldarbeit verwandt. Im allgemeinen erzieht der reiche Orientale den Neger zum Nichtstun. Pfeifenstopfen, Wasserreichen, Kaffeekochen, sind das Beschäftigungen für einen Mann?

Die Sklaverei des Orients mit ihrer guten Nahrung und schönen Kleidung war aber nicht das einzige, was diese armen Geschöpfe zu erwarten hatten. Denn bis dahin führte sie ein weiter Weg durch Wüsten; Hunger und Mühsal und Seuchen aller Art denen das frische Blut der Naturvölker am wenigsten widersteht, lichteten ihre Reihen. Das Schlimmste war die Entvölkerung Afrikas; das Wegschleppen aller jungen Mädchen hatte ganze Länderstrecken – ich habe es in Dar-Fertit selbst gesehen – in Wildnis verwandelt!

Zwischen Ägypten und England war am 4. August 1877 ein Vertrag zur endgültigen Unterdrückung des Sklavenhandels geschlossen worden. Aber es vergingen noch Jahre, bis innerhalb der ägyptischen Grenzen Sklaventransporte und Sklavenmärkte ganz verschwunden waren.

Ich habe Afrika gesehen und habe es noch vor Augen, als das große Haus der Knechtschaft, nicht wie es sein sollte, als das ungeheure Gebiet einer freien Mitarbeit an den Gesamtaufgaben der Menschheit. An einem endlichen Sieg der guten Sache und an der Zukunft des schwarzen Menschengeschlechts werde ich aber nie zweifeln!

25. Überraschende Nachrichten aus Europa.

Als ich am 19. Februar 1871 in der Seriba Kutschuk-Ali eintraf, waren seit meiner Abreise von Suez zweieinhalb Jahre verflossen. Was ich mir vorgenommen hatte, war vollendet. Aber noch lange musste ich warten, ehe ich zur Meschra und von da auf dem Wasserweg nach Chartum zurückkehren konnte. Die nächsten zwei Monate verbrachte ich wieder bei meinem Freund Chalil, dessen Hilfsbereitschaft diesmal der mangelhaften Ernährung nicht abhelfen konnte. Es herrschte allgemeine Not, und Getreide war fast gar nicht zu beschaffen. Es gab Tage, wo ich nicht einmal eine Handvoll Sorghum für meinen eigenen Gebrauch aufzutreiben vermochte, Tage des Hungers, wie ich sie kaum im Mai des Vorjahrs auf dem Rückmarsch aus dem Mangbattulande erlebt hatte. Etwas besser hätte ich es in der Seriba Ghattas haben können, in der es mir früher so gut ergangen war; aber die Erinnerung an das Brandunglück machte mir den Ort verhaßt. Ich war fast ausnahmslos auf Fleischkost angewiesen. Dabei kam mir der Wildreichtum der Gegend gut zustatten. Meine Zeit widmete ich fast ausschließlich der Jagd. 25 Stück größern Wildes, namentlich Antilopen, wurden erlegt, ebenso die massenhaft vorhandenen Rohrratten; fette Tiere von über einem halben Meter Länge; sie lieferten einen vorzüglichen Braten. Auch dem Allgemeinbefinden kam die Jagd zugute, denn die damit verbundene Anstrengung machte meinen nervösen Zustand erträglicher. Kopfweh, Niedergeschlagenheit und Mattigkeit wichen nur beim Marschieren. In meine vier Wände zurückgekehrt, lag ich abgespannt und kraftlos auf dem Lager. Nur ab und zu gewährte mir das Zeichnen von Naturgegenständen Unterhaltung und Abwechslung.

Jagd auf Rohrratten

Von der ganzen zivilisierten Welt völlig abgeschlossen, hatte ich lange Zeit keine Nachrichten aus Europa erhalten. Erst jetzt vermittelte mir das winzige Briefchen eines Chartumer Freundes in telegrammartiger Kürze die erste Kunde von den welterschütternden Begebenheiten des Sommers und Herbstes 1870. Ein halbes Jahr war dieser Brief alt; die übrigen Briefe aber, die aus der Heimat selbst stammten, enthielten nur gleichgültige Dinge. Denn als sie geschrieben wurden, lag Europa noch im tiefsten Frieden, und die Chartumer Sklavenhändler, die ich im Westen angetroffen hatte, wussten noch gar nichts vom Kriege mit Frankreich, von den deutschen Siegen und vom Sturz Napoleons III. In fieberhafter Spannung erwartete ich deshalb die Ankunft Solimans, eines Sohnes von Kutschuk-Ali, der am 20. März 1871 die Seriba besuchte. Aber auch dieser reiche, einigermaßen gebildete Mann wusste mir nichts Neues zu melden, als dass bei seiner Abreise von Chartum im Januar noch keine Friedensnachricht von Europa angelangt war.

Recht ergötzlich war die vollständige Unkenntnis meiner Umgebung in politischen Dingen. Selbst der Verwalter Chalil fragte nicht nur nach dem Namen des Generalgouverneurs in Chartum, sondern schien nicht einmal zu wissen, dass Ägypten ein fast unabhängig regiertes Land sei. Der Name des ägyptischen Vizekönigs war den meisten unbekannt; man wusste nur, dass Abdul-Asis-Chan der Herrscher über alle Gläubigen sei, dem die Könige der Franken als Vasallen dienten. Die einzige Ausnahme machte der Moskow Imperator, der vor einigen Jahren die unerhörte Dreistigkeit gehabt habe, sich unabhängig zu gebärden, nun aber habe er, dank der pflichtgetreuen Unterstützung aller Vasallen des Sultans in Konstantinopel, ebenso zu Kreuz kriechen müssen wie ehedem Bonaparte, der fränkische »Großsultan«.

Als die Leute mich und Soliman über Krieg und Frieden im Land der Franken sprechen hörten, verlangten einige zu wissen, was denn das für ein Volk sei, das man Preußen, die »Borusli«, nannte. Soliman sagte: »Es ist das Land mit den wenigen Leuten.« Er wollte damit sagen, dass Preußen die kleinste der Großmächte sei. »Und diese wenigen Leute haben den großen Kaiser der Franken gefangengenommen, dessen Bildnis auf allen Goldstücken zu sehen ist?« »Ja er war ein Bösewicht, und ihn ereilte die Strafe des Himmels.«

26. Scharfe Maßregeln gegen den Menschenhandel.

Am 21. April sah ich mich genötigt, dem Drängen meiner hungernden Leute nachzugeben und nach der Seriba Ghattas aufzubrechen. Hier empfingen mich höchst unangenehme Eindrücke. Die Menschen waren die alten geblieben, jene Ekelgestalten, die mit allen möglichen Krankheiten behaftet waren, diese lebenden Brutstätten des Übels. Man sah sie immer noch in gewohnter Weise umherschwanken zwischen den schiefen, krummen, verfallenen Strohzäunen, zwischen den Haufen von Kehricht, die Fieberlinge, die Räudigen mit geschorenem Haupthaar und mit dem Ausschlag über Kopf und Gliedern. Immer noch herrschte das alte Geächze und Gestöhne einer schleichenden Grabeswelt.

Das Erscheinen des ersten Mondviertels wurde wie üblich durch allgemeines Knallen mit den Gewehren begrüßt. Kugeln pfiffen nach allen Richtungen, und die Spitze eines benachbarten Strohdachs fing Feuer. Mit Mühe wurde es im Keim erstickt, aber meine Geduld war zu Ende. Ich drang auf Abfertigung der Barke nach Chartum – und am 4. Juni 1871 war alles marschbereit. Mein Zug bestand aus 50 Soldaten und über 300 Trägern. Wir schlugen den alten Weg zur Meschra ein, verließen aber später die gerade Straße, um auf einem östlichen Umweg für die vielen Träger Nahrungsmittel aufzutreiben. So gelangten wir zu dem großen, vor unserm Herannahen natürlich längst geräumten Murach eines Dinkahäuptlings.

Kaum war das Gepäck niedergelegt worden, als auch schon das Kommando zum Aufbruch aller waffenfähigen Mannschaft gegeben wurde, um einen Viehraub auszuführen. Als ich mich mit meinen wenigen Leuten allein zurückgelassen sah, empfand ich ein Gefühl von Unbehagen. Wären die Dinka über uns hergefallen, wie hätten wir uns gegen Tausende zu verteidigen vermocht? Nach Verlauf einer Stunde kehrten die Räuber triumphierend mit 15 erbeuteten Rindern und 200 Schafen und Ziegen zurück. Der Anführer der Bande war einer der erfahrensten Viehräuber. Sie waren in südlicher Richtung ausgezogen, machten im Walde kehrt, beschrieben einen halben Bogen um den Murach herum und drangen mit einer Linie von Treibern durch die Büsche vor. Kaum eine halbe Wegstunde vom Lagerplatz fiel alles Kleinvieh der Dinka in die Hände der Räuber. Ich habe nie wieder ein so großartiges Schlachten und solche Fresserei gesehen. Zwei weitere Raubzüge folgten, bevor am achten Tag das Lager in der Meschra erreicht war.

Ehe wir segelfertig wurden, hatte ich noch manchen Tanz mit den Leuten des Ghattas zu bestehen. Es handelte sich für mich vor allen Dingen darum, die Aussätzigen und die Sklaven vom beschränkten Raum meiner Barke fernzuhalten. Ich war gewiss, dass infolge der Anwesenheit Sir Samuel Bakers in den oberen Nilgewässern diesmal mit rücksichtsloser Strenge gegen jede Sklavenzufuhr vorgegangen werden würde. Ich hielt darum meinen Reisegefährten die ihnen hieraus erwachsenden Unannehmlichkeiten vor, falls sie darauf beständen, Sklaven mit sich zu nehmen. Meine Worte waren in den Wind geredet. 27 Sklaven fanden sich an Bord zusammen. Froh, wenigstens die Aussätzigen los zu sein, schiffte ich mich am Nachmittag des 26. Juni 1871 ein.

Auch ich selbst war nicht frei von jeglicher Schuld; auch ich führte mit mir drei Sklaven, einen Pygmäen, einen Bongo und einen Niamniam. Die Ziererei anderer Reisender vermochte ich nicht zu teilen. Sollte ich die Leute, die mir zwei Jahre lang treu ergeben durch die Wildnis gefolgt waren, einem zweifelhaften Geschick überlassen? Wurde ich dadurch etwa zum Sklavenhändler, dass ich sie mitnahm zu den Stätten der Gesittung? Sklavenhandel galt auch bei den edelgesinnten Orientalen als ein verächtliches Gewerbe. Sklavenkauf und Sklavenbesitz aber bestanden zu Recht.

Mehrere empörende Fälle der Grausamkeit gegen kranke Sklaven während der Flussfahrt enthält mein Tagebuch. Am 29. Juni wurde ein von Ruhr befallener Neger »wie üblich« halb tot über Bord geworfen.

Ein grauenvolles Ereignis brachte die Nacht vom 3. auf den 4. Juli. Eine alte Sklavin, die bereits lange an Ruhr gelitten hatte, lag unten im Schiffsraum im Sterben und begann entsetzlich zu stöhnen. Nie habe ich in meinem Leben von einem menschlichen Wesen ähnliche Töne vernommen. Ich hüllte mich tiefer in die Decken, um das grässliche Geheul nicht hören zu müssen. Dennoch drangen bald fluchende Stimmen zu meinen Ohren, ein Plätschern im Wasser und zum Schluss der Ausruf »Marafil« (Hyäne); es war geschehen! Die grausamen Bootsleute hatten die Ärmste mitten in ihrem Todeskampf über Bord geworfen. Sie wollten ihren Tod nicht erst abwarten, denn alle waren davon überzeugt, dass dieses Weib ein Hyänenweib und eine wirkliche Hexe gewesen sei, deren Verweilen an Bord uns allen Unheil gebracht hätte.

Am 5. Juli wurden wir durch das Erscheinen von vier weiß gekleideten Männern überrascht, die uns lebhaft zuwinkten und zuriefen. Es waren

Chartumer Schiffer, die der Mudir, der Gouverneur der Provinz von Faschoda, uns entgegengesandt hatte. Sie teilten uns mit, sein Lager sei
ganz in der Nähe, und alle von oberhalb kommenden Barken hätten sich
zu ihm zu begeben, damit die an Bord befindlichen Fahrgäste einer genauen Besichtigung unterzogen würden. Wir erfuhren, dass die Trup-
penmacht, über die der Mudir verfügte, aus 400 schwarzen Soldaten bestand mit 50 berittenen Baggara und zwei Feldgeschützen.

Zwei große Barken, die dort lagen, hatten 600 Sklaven an Bord gehabt,
die beschlagnahmt worden waren. Zunächst wurden alle Schwarzen und
Nichtmohammedaner ans Land geschafft, von denen nicht nachgewie-
sen werden konnte, dass sie schon von Chartum aus in die oberen Nil-
gegenden mitgenommen worden waren. Jene 600 Sklaven machten nämlich nicht die einzigen Fahrgäste der beiden Barken aus, diese führten
außerdem noch 200 Nubier mit sich. Man vergegenwärtige sich daraus
das Bild, das die vollgepferchten Fahrzeuge geboten haben mussten!

Dann wurde alles Eigentum der Gesellschaft von Regierungs wegen mit
Beschlag belegt; die Gewehre, die Munition, die Elfenbeinvorräte, alles
wurde genau aufgenommen. Besondere Anforderungen stellte der Mudir an die Leistungsfähigkeit seiner Schmiede und Zimmerleute. Diese
hatten Tag und Nacht an den Jochbalken und den eisernen Fesseln zu
arbeiten, in die der Schiffsführer und diejenigen Nubier gesteckt wurden, die zur Weiterfahrt der beschlagnahmten Barke nicht unumgänglich
nötig waren. Nach Verlauf von zwei Tagen war die Arbeit besorgt, und
nachdem auch unsere Barke drei Soldaten als Wache erhalten hatte,
durfte die Weiterfahrt vor sich gehen.

In Faschoda stand mir eine große Überraschung bevor. Der Generalgouverneur Djafer-Pascha hatte mir auf die erste Nachricht von der traurigen Lage, in der ich mich nach dem Brand der Seriba Ghattas befand,
eine Menge von Lebensmitteln verschiedener Art nachgeschickt. Diese
hätten bis zum Beginn des kommenden Winters in Faschoda liegen bleiben müssen und fanden jetzt unerwartete Verwendung. Das Los der armen Sklaven an Bord unserer Barke hatte sich aber arg verschlimmert.
Sie erhielten noch weniger zu essen als zuvor. Den als Wache beigegebe-
nen Soldaten fiel es nicht ein, für die Ernährung anderer zu sorgen, und
die ehemaligen Besitzer hatten alles Interesse an dem Wohlbefinden der
Sklaven verloren. Diese bekamen noch dazu die Peitsche aus Nilpferdhaut jetzt von seiten der Soldaten häufiger zu kosten als früher von ihren
Herren. Ununterbrochenes Wehklagen und Gejammer der einen, ewiges

Schimpfen und Fluchen der andern raubten mir den Rest meiner arg geprüften Geduld. Ich ließ ganze Kessel voll Makkaroni und Reis kochen für die Armen, aber sie alle satt zu machen vermochte ich nicht.

Als wir in die Gegend von Wod-Schellal kamen, erblickten wir an einer wüsten Uferstelle unzählige schwarze Punkte, die sich von dem blendenden Sand scharf abhoben; es waren Sklaven! Auf dem fleißig benutzten, aber unbeaufsichtigten Überlandweg von Kordofan quer durch das Land nach Osten war die Sklavenkarawane hier über den Fluss gegangen, um den großen Markt von Mussalemia ohne Hindernis zu erreichen.

Am 21. Juli 1871 gegen Sonnenuntergang waren wir an der Vereinigungsstelle des Weißen und Blauen Nil, am Ras-el-Chartum, angelangt. Die ganze Fahrt von der Meschra bis hierher hatte nur 25 Tage gedauert.

27. In die Heimat!

Am Tage nach meiner Ankunft in Chartum konnte ich meine glücklich erfolgte Rückkehr telegrafisch melden: »Generalkonsulat Germania Alexandria angekommen 21. Juli Nachricht zu geben per Telegraf nach Berlin Akademie Braun er möge die Mutter benachrichtigen sonst nichts nötig!«

Der Generalgouverneur Djafer-Pascha empfing mich mit gewohnter Freundlichkeit und räumte mir ein leer stehendes Regierungsgebäude zur Wohnung ein. Aber die rücksichtslose Behandlung, die er meinen treuen Dienern angedeihen ließ, kränkte mich tief. Sie wurden, ohne dass man es mir gemeldet, in Eisen gelegt und unter die Galeerensträflinge gesteckt, während ich mit den drei Negern allein sitzen blieb. Sie hatten nämlich, ohne mir etwas davon zu sagen, etliche Sklaven mitgebracht, angeblich im Auftrag einiger Freunde daheim, die diese Sklaven ihren Familien zur Unterstützung in der Wirtschaft schenken wollten. Ich beschwerte mich viermal beim Pascha, ohne die Freilassung erwirken zu können; erst in der letzten Stunde gelang es mir. In Anbetracht der dreijährigen Dienste meiner Getreuen konnte ich es nicht über das Herz bringen, sie schutzlos der Willkür jener unordentlichen Regierung preiszugeben, die ich über Chartum unmittelbar nach der bald bevorstehenden Abreise des Paschas nach Ägypten hereinbrechen sah. Ich musste die Diener bis Kairo mitnehmen, um ihnen dort Schutz und Straffreiheit zu erwirken.

Ich erklärte dem Pascha: Wenn er den Sklavenhandel unterdrücken wolle, so möge er dafür Sorge tragen, dass die jetzt gültigen Gesetze im ganzen Land in Kraft gesetzt würden und nicht bloß auf dem Fluss. Was nütze denn eine Beschlagnahme der Schiffe, während beispielsweise in einem einzigen Jahre 2700 Händler aus Kordofan nach Dar-Fertit ziehen durften und der Kommandant der ägyptischen Truppen in jenem Gebiet selbst, wie auch alle seine Offiziere, sich wie gewerbsmäßige Sklavenhändler benähmen?

Am 9. August bestieg ich von neuem eine Nilbarke, um nach Berber zu gelangen. Während ich dort Station machte, hatte ich den Verlust meines kleinen Reisegefährten aus dem Land der Zwerge zu beklagen. Schon in Chartum wurde Nsewue, der Pygmäe, von der Ruhr befallen. Nach dreiwöchentlichem Leiden starb er an völliger Entkräftung. Noch nie war mir ein Todesfall so zu Herzen gegangen, und mein eigener Zustand wurde infolge des erlittenen Kummers derart, dass ich mich kaum fähig fühlte, eine halbe Stunde ohne äußerste Ermattung auf den Beinen zu bleiben, aber die reine Wüstenluft der folgenden Strecke stärkte mich bald.

Ich hatte die beiden andern Negerknaben dazu bestimmt, den Pygmäen als Gespielen zu begleiten. Jetzt hatte ich nur noch für ihr eigenes Schicksal zu sorgen. Den älteren, einen echten Niamniam, brachte ich in Ägypten bei einem Freunde unter, während dem andern, einem Bongo, in Deutschland eine sorgfältige Erziehung zuteil wurde.

Am 10. September 1871 konnte ich die Rückreise von Berber nach Suakin auf dem vor drei Jahren begangenen Weg fortsetzen. Meine kleine Karawane legte die Strecke in vierzehn Tagemärschen zurück und erreichte ohne Unfall das Meer. Als ich von dem Gipfel des 1043 Meter hohen Attaba auf die kurze Strecke herabschaute, die mich noch von dem endlosen Blau des Meeres trennte, da bewegten mich Gefühle, wie sie nur der Wanderer kennt, der lange im Innern schwer zugänglicher Erdteile geweilt hat.

Am 26. September schiffte ich mich in Suakin ein, um nach viertägiger bequemer Meeresfahrt in Suez an Land zu steigen.

Nach einer Abwesenheit von drei Jahren und vier Monaten betrat ich am 2. November 1871 in Messina wieder europäischen Boden.

Kartographische Anstalt von F. A. Brockhaus, Leipzig.

Sonderkarte, Maßstab 1 : 9.000.000